Der Boogie-Bär tanzt Kasatschok

Hartmut E. Höfele

Der Boogie-Bär tanzt Kasatschok

Kreistänze für Kinder

Alle Lieder auf der Audio-CD mit Originalinstrumenten
Mit Illustrationen von Kerstin Heinlein

HERDER
FREIBURG · BASEL · WIEN

Im Interesse der besseren Lesbarkeit und weil Frauen in frühpädagogischen Berufen prozentual stärker vertreten sind als Männer, wird in diesem Buch stets die Leserin angesprochen und auch meist die weibliche Form verwendet, wenn von pädagogischen Fachkräften die Rede ist. Selbstverständlich sind damit aber immer Leser und Leserinnen bzw. männliche und weibliche Fachkräfte gleichermaßen gemeint.

MIX
Paper from responsible sources
FSC® C010798
www.fsc.org

www.herder.de

Umschlaggestaltung: SchwarzwaldMädel, Simonswald
Umschlag- und Textillustrationen: Kerstin Heinlein
Lektorat: Beate Dapper
Layout, Satz und Gestaltung: Sabine Ufer, Leipzig

Herstellung: Graspo CZ, Zlín
Printed in the Czech Republic

ISBN 978-3-451-32691-2

Inhalt

Vorwort

Die Einfachheit von Musik und Bewegung, die man jungen Menschen hierzulande erst wieder mühsam anerziehen muss, ist bei Kindern natürlich vorhanden.
Carl Orff

Mit diesem Buch lassen wir der Freude am gemeinsamen Tanzen freien Lauf. Wir zeigen, wie Bewegung, Tanz und Gestenspiel eine natürliche Wirkung auf die Entwicklung der kleinen Persönlichkeiten haben und wie mit Leichtigkeit ein strukturiertes und fröhliches Miteinander möglich ist. Hirnforscher haben Tänzern in den Kopf geschaut und festgestellt, was unsere Vorfahren schon lange wussten; Tanzen macht den Kopf frei – zum Beispiel für's Lernen – und hält uns alle fit. Bildungsexperten betonen, wie wichtig das Tanzen von Anfang an ist: Es fördert nicht nur die künstlerischen und kreativen Ausdrucksmöglichkeiten, sondern auch das soziale Miteinander, motorische und kognitive Fähigkeiten. – Diese Aspekte sind mir bei der Zusammenstellung dieses Buches sehr wichtig gewesen. Jedoch ist es ebenfalls wichtig, dass Sie nicht (nur) mit „dem Kopf" an die Lieder herangehen. Deshalb wurde keine Minitabelle vor jedes Lied gesetzt, sondern alle wichtigen Förderbereiche zu den Liedern in einer Liste auf den Seiten 94–95 zusammengefasst. Nur eine allgemeine Altersempfehlung finden Sie direkt am Lied oder Spiel.

Die meisten Tänze und Spiele sind aus einer natürlichen Situation heraus entstanden – frech, frisch und frei. Dieses Gefühl wollen wir transportieren, Ihnen den Schlüssel zu fröhlichen Tanzerlebnissen geben. Dazu gehört zweifelsfrei auch „echte" Musik, nicht die Synthesizer-Klänge, die unecht wirken und uns die vielen „Zwischentöne" der natürlichen Klänge verschweigen.
Dazu gehört aber auch, dass wir Ihnen nicht zu viele Vorgaben machen. Denn Sie sind mit Ihrer Persönlichkeit und dem Wissen um die Kinder in Ihrer Gruppe der Mensch, den wir motivieren und nicht einschränken wollen. Und so können die Tanzanleitungen nur Impuls für Ihre eigene Fantasie sein, die an die Fähigkeiten der einzelnen Kinder in Ihrer Gruppe entsprechen.

Viel Freude wünscht Hartmut Eduard Höfele ...

mit besonderem Dank an Dorle Ferber, Susanne Steffe, Tobias Escher, Adax Dörsam und Leona Unrath, ohne die diese Produktion nicht möglich gewesen wäre.

Warum Kreistänze?

Wenn alles sich fließend formiert,
sehr frei und doch vorprogrammiert;
wenn der Wind aus dem Innersten weht
und die Erde sich um uns dreht,
dann gewinnt uns're Tiefe an Glanz
in ganz, ganz seltenem Tanz.
René Reichel

Der Kreistanz, der Reigen oder auch Reihentanz, ist eine Tanzform, die es schon Jahrtausende gibt. Und sie ist so lebendig wie eh und je. Der Kreis stellt das Ur-Symbol der Unendlichkeit, der Ewigkeit, dar und ist ein Zeichen der Einheit und Vollkommenheit. Psychoanalytiker deuten den Kreis als Symbol der Geborgenheit. Interessante Beobachtungen in Kindertanzgruppen haben ergeben, das sich beim Anspielen von rhythmusbetonter Musik schon die Allerjüngsten intuitiv tapsend im Kreise drehen. Das ist kein Zufall. Als häufigstes Tanzmuster erfüllt die Kreisform wichtige soziale Funktionen: Sie gibt Orientierung und Halt durch ihre Ordnung, fördert Konzentrations- und Gemeinschaftssinn.

Wir beginnen im Buch mit sorgfältig ausgewählten Aufwärmspielen und koordinierten Bewegungsaktionen. So wird bei Kindern das Interesse an rhythmischer Körpersprache geweckt.

Auf die kindgerechten Bewegungsformen folgen praxiserprobte Spielanregungen zur bewussten und koordinierten Gestaltung von Bewegung. Nach diesen tänzerischen Aufwärmaktionen zeigen wir verschiedenen Möglichkeiten, mit Kindern kleine Kreistanz-Choreografien umzusetzen.

22 ausgewählte Kreistanzlieder und 9 Instrumentalstücke werden mit Tanzbeschreibung, Notation und Spiel- oder Aufführungsidee vorgestellt. Dazu gehören **8 traditionelle Kreistanzlieder**, die aus dem Tanzrepertoire nicht wegzudenken sind. Sie üben genauso viel Faszination aus wie Märchen, Sagen und Geschichten, denn sie sind gesungene und „bewegte" Überlieferungen unserer Vorfahren, die sich bis heute lebendig gehalten haben. **8 neue, pfiffige Kreistanzlieder** sorgen für modernen Schwung in Ihrer Kita. **6 internationale Kreistanzlieder** regen nicht nur zum Tanzen und Singen an, sondern bieten auch einen Einblick in fremde Kulturen. **9 instrumentale Kreistänze**, die den Fokus auf das pure Tanzvergnügen lenken, runden schließlich das Buch ab.

Warum überhaupt tanzen?

In der Entwicklung des Kindes ist
das Bewegungslernen die Urform seines Lernens.
Fredrik Vahle

Tanzen lernen macht Kindern nicht nur Spaß, sondern schult auch das Körpergefühl, regt die Sinne an und fördert soziale Kompetenzen. Doch damit nicht genug. Es bringt zum Beispiel den Kreislauf und die Durchblutung im Gehirn auf Trab, und somit lernen bewegungsstarke Kinder, die im Gleichgewicht zwischen Körper und Geist leben, leichter und freier.
Bewegung und Tanz fördern somit bei Kindern Rhythmusgefühl, Konzentration, Koordination, Kreativität, Motorik, Ausdruck, Gemeinschaftsgefühl, Gleichgewicht, Selbstbewusstsein, Körpersprache und nicht zuletzt das räumliche Wahrnehmungsvermögen.

Das Talent, uns unbewusst zu bewegen, stellt den Kern des Tanzens dar. Tanzen vereinigt Bewegung, Rhythmus und gestische Darbietung. Darüber hinaus ist es eine gruppendynamische Übung, bei der sich die Teilnehmer intensiv aufeinander einstellen müssen, um sich synchron durch Raum und Zeit zu bewegen.

Doch das Tanzen hat für die Entwicklung des Menschen noch eine weit größere Bedeutung: Es trainiert die Fähigkeit zum Nachahmen. Forscher fanden heraus, dass die bloße Vorstellung, Walzer zu tanzen, genügt, dieselben Regionen im Gehirn zu aktivieren, als würde man tatsächlich Walzer tanzen. Beim Tanzen nur aktiv zuzuschauen genügt also schon, um die entsprechenden Hirnregionen in Bewegung zu bringen. Übrigens vervielfacht sich dies, je bekannter der Tanz ist und wir Erinnerungen mit ihm verknüpfen.
Der Verhaltensbiologe Steve Brown vermutet, dass *Tanzen früher eine Form der Kommunikation war*. Diese These können wir schon allein mit dem normalen Menschenverstand bestätigen: Wir tanzen stets gemeinsam oder miteinander, fühlen uns frei, und vor allem tun wir eines beim ausgelassenen Tanzen nicht: denken!
Welch ein wohltuender Ausgleich.

Finde die Spiele

In jeder Kapitelillustration verstecken sich die Lieder – oder hier die Aufwärmspiele – des folgenden Kapitels.Mit diesem Bilderinhaltsverzeichnis, das auch als Suchspiel genutzt werden kann, können die Kinder ihr Lieblingsspiel auf einen Blick finden.

Kätzchen auf Samtpfoten

Pfauen schreiten stolz

Tapsige Zottelbären

Pferdchen Galopp, -lopp, -lopp

Tausend Füße

Stopptanz im 4/4-Takt

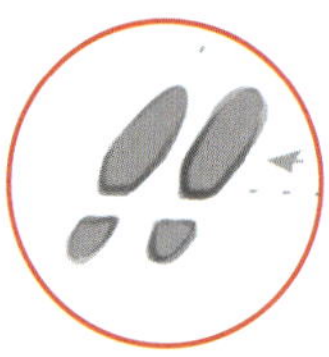

Tamm, ta-ta

Tippelschritte & Gehparcours

Schlängel Slalomlaufen

Bei Müllers hat's gebrannt

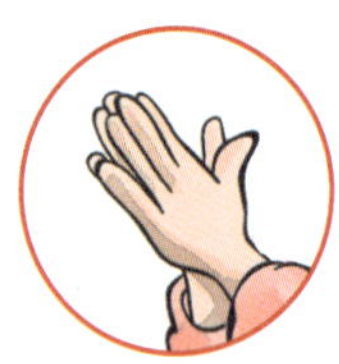

Aufwärmspiele für kleine Tanzbären

Rhythmusspiele mit Reimen

Reime sind Worte, die tanzen. Sie haben regelmäßige und wiederkehrende Klangmuster. Sprache und Musik weisen gemeinsame akustische und rhythmische Merkmale wie Tonhöhe, Melodie, Rhythmus, Metrum, Betonung und Takt auf. Kreistänze für Kinder werden oft mit Versen und Liedern begleitet. Das gleichzeitige Sprechen, Klatschen und rhythmisch koordinierte Bewegen ist nicht nur für Kinder eine Herausforderung.
Bevor mit Kindern tänzerische Choreografien umgesetzt werden können, ist es daher sinnvoll, verschieden Kinderreime mit einfachen Bewegungsabläufen kombiniert einzuüben. Der gleichbleibende Sprachrhythmus von Versen und deren stetige Wiederholung gibt Kindern ein sicheres Gefühl.
Die Verbindung von Sprache und Bewegung wirkt sich übrigens auch äußerst positiv und entwicklungsfördernd auf das kindliche Sprachverhalten aus. Auch für eine gesunde Gruppenbildung ist Rhythmik an sich und sind Rhythmusspiele unter Kindern ein wichtiger Punkt.

ab 3

Kätzchen auf Samtpfoten

Text: Dorle Ferber

Vorsichtig und behände schleichen die kleinen Kätzchen. Die Schnurrbarthaare sind gespannt, das Katzenköpfchen gibt die Richtung vor. Die Bewegungen sind rund, die Pfoten werden vorsichtig aufgesetzt.

Alle Kätzchen kommt in den Kreis,
Kätzchen getigert, schwarz, grau und weiß,
reicht euch die weichen, samtigen Pfoten,
wir schleichen behände durch das Gras.
Miau, miau, miau.
Jetzt räkeln sich alle Katzen.
Miau, miau, miau.
Und tanzen mit den Tatzen.
Eins, zwei, drei.
Miau, miau.
Auf in die nächste Runde:
Alle Kätzchen kommt in den Kreis ...

Pfauen schreiten stolz

ab 3

Text: Dorle Ferber

Langsam, gemächlich und aufrecht schreiten (stolzieren) die Pfauen elegant und würdevoll durch den Park. Die Füße werden ganz bewusst gesetzt. Der Kopf ist aufrecht, trägt eine unsichtbare Krone. Die Arme werden leicht geöffnet zur Seite gehalten. In der Luft ein großes Rad schlagen.

Was schreiten hier für königliche Tiere
so stolz und elegant durch den Park?
Was schreiten hier für königliche Tiere
so stolz und elegant durch den Park?
Schau, schau, schau,
hier geht der Pfau,
schau, schau, schau,
so geht ein Pfau.
Auf in die nächste Runde:
Was schreiten hier für königliche Tiere ...

Tapsige Zottelbären

ab 3

Text: Dorle Ferber

Tapsig, tänzerisch aufrecht, die Arme rund geöffnet, bewegen sich die kleinen Tanzbären – sich in ihrer Bärenhaut wohlfühlend – im Kreis.

Alle kleinen Bären
tanzen tapp, tapp, tapp.
Tanzen in der Sonne,
tanzen tapp, tapp, tapp.
Tanzbären, das sind wir ja!
Tanzbären! Das ist doch klar!
Wir zotteln tapsig hin und her
so tapsig wie ein Zottelbär.
Auf in die nächste Runde:
Alle kleinen Bären ...

ab 3

Pferdchen Galopp, -lopp, -lopp

Text: Dorle Ferber

Die Pferdchen galoppieren zuerst fröhlich und schwungvoll im Kreis. Der Klang der Hufe kann von der Spielleitung mit zwei leeren Kokosnussschalen perkussiv begleitet werden.

Pferdchen, Pferdchen hopp, hopp, hopp,
wir laufen im Galopp, -lopp, -lopp
mit wehenden Mähnen weit über's Land,
die Pferdchen sind außer Rand und Band.
Pferdchen, Pferdchen hopp, hopp, hopp
wir laufen im Galopp, -lopp, -lopp.
Dann trotten wir schließlich in den Stall
und ruh'n uns ein wenig aus.
Nach einer Weile geht's wieder raus.
Auf in die nächste Runde:
Pferdchen, Pferdchen hopp, hopp, hopp

ab 3

Tausend Füße

Text: Dorle Ferber

Die kleinen Tausendfüßler trippeln in schnellen kleinen Schritten durch den Raum.

Füße, tausend Füße,
tausend Füße klacke-di-klack.
Tausend Füße, tausend Füße,
tausend Füße klacke-di-klack.
tausend Füße, tausend Füße
tausend Füße klacke-klacke.
Tausend Füße, tausend Füße,
tausend Füße klacke-di-klack
machen nun eine Paus',
schütteln die Füße aus.
Auf in die nächste Runde:

Koordinierte Kreisbildung

Mit den bisherigen Übungen haben sich die Kinder „locker“ im Kreis bewegt. Nun geht es um eine bewusste Gestaltung der Bewegung in einer Kreisformation.

Beim Einstudieren eines Kreistanzes mit Kindern beginnt die erste Anforderung mit der Formation eines möglichst runden Tanzkreises in der Mitte eines Raumes. Gleich am Anfang sollte auf gleichmäßigen Abstand zwischen den einzelnen Tanzkindern geachtet werden. Der Blick der Kinder richtet sich auf die Kreismitte, das Zentrum.

Tipp: Zur räumlichen Orientierung ist es hilfreich, den Kreis z. B. mit Klebeband auf dem Tanzboden zu markieren oder einfach einen Hula-Hupreifen in die Kreismitte zu legen.

Koordination

Der Begriff stammt ursprünglich aus dem Lateinischen und bedeutet so viel wie Ordnung bzw. Zuordnung. Unter Koordination versteht man auch das geordnete Zusammenspiel von zentralem Nervensystem und Skelettmuskulatur innerhalb eines zielgerichteten Bewegungsablaufs *(vgl. P. Hirtz: Koordinative Fähigkeiten im Schulsport. Berlin 1985)*

Stopptanz im 4/4-Takt

ab 4

Für dieses Spiel werden ein Paar Klangstäbe oder ein Tamburin benötigt, mit dem ein Erwachsener einen 4/4-Takt vorgeben kann. Die Kinder konzentrieren sich genau auf den Takt und folgen diesem mit ihren Schritten im Kreis. Die Laufschritte und die Beats sollten sich im Einklang befinden. Setzt das Taktschlagen aus, müssen alle so stehen bleiben, wie sie sind und dürfen sich nicht bewegen. Das Kind, das sich dennoch bewegt, scheidet aus, bis schließlich ein Kind übrigbleibt (Stopptanz).

Tipp für Fortgeschrittene: Darüber hinaus können auf einzelne Taktschläge Betonungsakzente gesetzt werden: Auf die „zwei“ klatschen, auf die „vier“ stampfen u. a.

Tamm, ta-ta

Zur Förderung von Rhythmusgefühl sind Klatsch-, Stampf- und Gehspiele bestens geeignet. Die Tanzleitung gibt – am besten aus der Kreismitte heraus – zum Beispiel den einfachen Klatschrhythmus vor: „Tamm ta-ta, tamm ta-ta“ usw. Zuerst stimmen die Kinder leise klatschend ein. Das wird so lange fortgeführt, bis alle möglichst im Gleichtakt sind. Wenn zwei, drei verschiedene Rhythmen ausprobiert wurden, kann die Aufgabe erweitert und das Klatschen mit einer einfachen körperlichen Aktion unterstützt werden. Jetzt gehen die Kinder während des Klatschens gleichzeitig im Rhythmus „Tamm tamm, tamm, tamm“ usw. im Kreis. Wenn jetzt noch der Kreis selbst erhalten bleibt, haben die Kinder eine differenzierte Rhythmusübung geschafft.

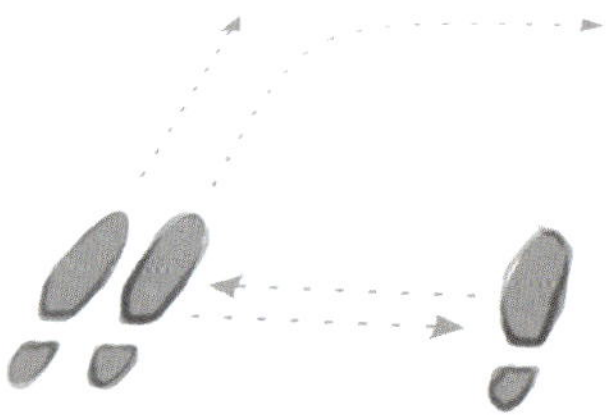

Tippelschritte & Gehparcours

Das koordinierte Gehen lässt sich auf ganz natürliche Weise schulen. Beim Spazierengehen über Pflastersteine entwickelt sich oft der Wunsch, mit den Zehenspitzen die Fugenlinien genau zu treffen. Automatisch passen wir dabei unseren Gehrhythmus dem Pflasterstein-Gehmuster an.
Nach diesem Prinzip legen wir nun ein Gehmuster aus. Ob mit Kreidestichen auf Pflaster, Klebestreifen auf dem Teppichboden oder mit Markierungsbechern. Verschiedene Abstände und verschiedene Geschwindigkeiten ergeben unterschiedliche Gangarten. So lassen sich koordinierte Schrittfolgen prima einüben.

Erweiterung: Das Ganze lässt sich auch wie ein Hindernisparcours mit Rhythmusinstrumenten inszenieren: Kurze Trippelschritte mit eng gesteckten Markierungen aufzeigen und mit Klanghölzern vorgeben. Längere Schritte mit weit ausgelegten Markierungen vorgeben und etwa mit einer Triangel oder auch Keyboard-Tönen vorgeben. Für einen fantasievoll ausgelegten Rhythmus-Geh-Parcours sind den Variationen keine Grenzen gesetzt. Die Kinder dürfen auch eigene Vorgaben erfinden. Leitwörter können die obigen (hoppeln, hüpfen, schleichen ...) sein.

Schlängel Slalomlaufen

ab 3

Legen Sie mit Wimpelstangen einen Slalom-Parcours aus. Nun gibt die Tanzleitung mit dem Tamburin das Tempo vor. Die Kinder versuchen dann, in verschiedenen Tiergangarten und auch mal wie ein Indianer im Kreis zu laufen:

- Hoppeln wie die Hasen
- Hüpfen wie die Kängurus
- Schleichen wie die Indianer
- Staksen wie die Störche
- Watscheln wie die Enten
- Trampeln wie die Elefanten
- Huschen wie ein Mäuschen
- Tippeln wie die Tausendfüßler

Bei Müllers hat's gebrannt

ab 5

Dieses bekannte Klatschspiel, bei dem die Kinder im Übungsdurchlauf zum Rhythmus der jeweilig fett markierten Wörter in die Hände klatschen, eignet sich zum Kreisgehen sehr gut.
Eine Variante, die wir wohl alle kennen und die völlig frei zwischen zwei Kindern gespielt werden kann, ist diese: Zwei Kinder stellen sich einander gegenüber auf. Im Rhythmus des Textes klatschen sie zuerst in die eigenen Hände, dann die rechten Hände gegeneinander, dann wieder in die eigenen Hände; dann in die linken Hände gegeneinander und wieder in die eigenen Hände. Die letzten drei Klatscher (auf den fettgedruckten Wörtern) machen sie mit beiden Händen gegeneinander. Mit ein wenig Übung klatschen die Kinder das Spiel schneller und schneller und werden schnell zu wahren Rhythmusmeistern.

Bei Müllers hat's ge**brannt, -brannt, -brannt,**
da bin ich hinge**rannt, -rannt, -rannt,**
da kam ein Poli-**zist, zist, zist,**
der schrieb mich auf die **List, List, List.**
Die List fiel in den **Dreck, Dreck, Dreck,**
da war mein Name **weg, weg, weg,**
da lief ich schnell nach **Haus, Haus, Haus,**
und die Geschicht' war **aus, aus, aus.**

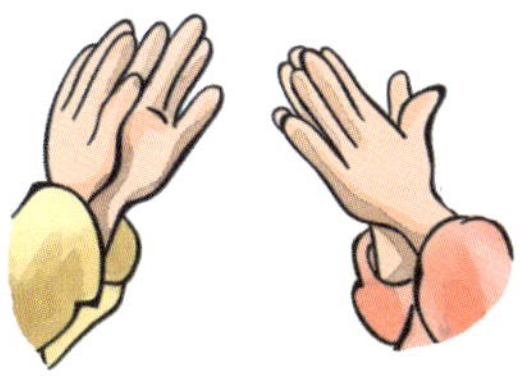

Finde die Lieder

In jeder Kapitelillustration verstecken sich die Lieder des folgenden Kapitels. Mit diesem Bilderinhaltsverzeichnis, das auch als Suchspiel genutzt werden kann, können die Kinder ihr Lieblingslied auf einen Blick finden.

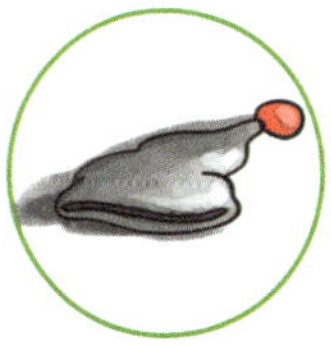

Es geht eine Zipfelmütz'

Auf uns'rer Wiese gehet was

Ich bin der kleine Tanzbär

Ei, wie langsam kommt der Schneck'

Häschen in der Grube

Meine Mühle, die braucht Wind

Was müssen das für Bäume sein

Alle Leut' geh'n jetzt nach Haus'

Traditionelle Kreistanzlieder

ab 3

1 Es geht eine Zipfelmütz'

Traditionelles Volkslied
Bearbeitung: Tobias Escher

2. Strophe
Es geh'n zwei Zipfelmütz' in uns'rem Kreis herum, widibum. (2x)
Dreimal drei ist neune, du weißt ja, wie ich's meine.
Dreimal drei und eins ist zehn, Zipfelmütz' bleibt steh'n, bleibt steh'n.
Sie rütteln sich, sie schütteln sich, sie werf'n die Beine hinter sich.
Sie klatschen in die Hand. Wir beide sind verwandt.

3. Strophe und weitere
Es geh'n drei Zipfelmütz' in uns'rem Kreis herum, widibum. (2x)

Tanzbeschreibung

Dieses bekannte Kinderlied ist ein musikalisch-rhythmisches Tanzspiel, das Gesten und Sprechgesang vereint. Die Kinder bilden einen Tanzkreis. Alle Mitwirkenden singen das Lied und gehen im Kreis herum. Ein Kind geht als „Zipfelmütz'" innerhalb des Kreises in entgegengesetzter Richtung. Beim letzten *bleibt steh'n* bleiben alle stehen. Die „Zipfelmütz'" führt nun gemeinsam mit dem Kind, das ihr gegenüber steht, die Bewegungen aus, die im Liedtext angegeben sind. Bei *wir beide* haken sich „Zipfelmütz'" und ihr Gegenüber ein und tanzen umeinander herum.
In der nächsten Strophe sind beide Kinder „Zipfelmützen". Dann wird gesungen: „Es geh'n zwei Zipfelmütz' ...". So geht es immer weiter, bis alle Kinder tanzen.

Tanzvariation für Kinder ab 2

Die Kinder bilden einen Spielkreis mit Handfassung. Sie gehen im Kreis herum. Bei *bleibt steh'n* bleiben sie stehen und schütteln sich. Dann die Beinchen nach hinten werfen und in die Hände klatschen. Anschließend mit dem nebenstehenden Kind im Kreis drehen.

Zipfelmütze

Bastelanleitung
Hier nun eine Anleitung zur Herstellung eines passenden Tanzutensils, das sich bei einem Aufführungsspiel effektvoll einsetzen lässt. Auch zur höheren Identifikation mit den Liedinhalten ist eine eigene Mütze sinnvoll.

Material: Zeitungspapier, Lineal, Stift, Schere, Kreide, roter Filz

Die Zipfelmütz aus einem Viertelkreis Stoff zurecht schneiden. Zuerst mit Zeitungspapier ausprobieren. Daraus ein Schnittmodell anfertigen, das auf (durchschnittlich große) Kinderköpfe passt. Den Zeitungsschnitt dann auf den Stoff legen, mit Kreide umranden und mit ein wenig Nahtzugabe ausschneiden. Seitennaht zunähen.

ab 4

2 Auf uns'rer Wiese gehet was

Traditionelles Volkslied
Text: 1. Strophe: Heinrich Hoffmann von Fallersleben
2. Strophe: Rudolph Löwenstein
Bearbeitung: Tobias Escher

Der Storch, der steht so ganz allein

Zur Förderung des Gleichgewichts empfiehlt sich ein Aufwärmspiel zur Einstimmung.

Die Kinder versuchen mit angewinkeltem Knie so lange wie möglich auf einem Bein zu stehen. Dann zusätzlich mit den Armen flatterhafte Flügelschlagbewegungen ausführen. Schließlich wird ein Spielkreis gebildet, den die Spielleitung aus der Kreismitte heraus mit folgendem Vers begleitet. Die Kinder machen dazu die entsprechenden Bewegungen.

Der Storch, der steht so ganz allein auf seinem dünnen Storchenbein.
Die Kinder stehen im Kreis auf einem Bein.
Er hebt den Schnabel uns zum Gruß
Beide Hände vor dem Körper auf und zu klappen wie einen Klippklapp-Schnabel.
und wechselt auf den anderen Fuß.
Staksig von einem auf den anderen Fuß auftreten.
Er breitet seine Flügel aus und sucht sich nun ein and'res Haus.
Beide Arme ausbreiten, herumflattern und sich einen anderen Platz im Kreis suchen.

Tanzanleitung

Die Kinder gehen im Kreis herum und singen das Lied „Auf uns'rer Wiese gehet was." Dabei bewegen sie sich möglichst staksig vorwärts, etwa wie „der Storch im Salat" und ziehen und strecken die Beine möglichst hoch und dann nach vorn.
In der zweiten Strophe die Laufrichtung ändern.
Bei den Worten *schnapp, schnapp, schnapp* mit den Händen Schnappbewegungen machen, denn da wollen ja unsere Störche nach Fröschen schnappen.

ab 4

Storchenmaske

Bastelanleitung

Mit einer einfachen Maske und dem nachfolgenden Kostümierungsvorschlag lassen sich die Jungstörche publikumswirksam in Szene setzen.

Material: weißer und roter Bastelkarton, Gummiband, Bastelschere, Nagelschere, Bleistift

Eine Halbmaske auf weißen Bastelkarton entsprechend der Kopfgröße der Maskenträgerin aufzeichnen und ausschneiden. Die Augenöffnungen einzeichnen und mit einer Nagelschere ausschneiden. Seitlich jeweils ein kleines Loch ausschneiden und mit Klebefolie verstärken.

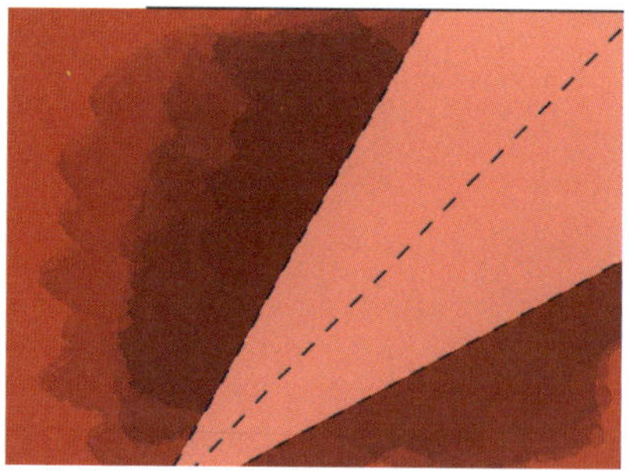

Den Schnabel gemäß Skizze auf den roten Karton aufzeichnen und ausschneiden. Schnabel entlang der Mittellinie knicken. Die Klebelaschen nach hinten biegen. Dann den Schnabel auf die Halbmaske aufkleben. Ein Gummiband durch die Löchlein an der Seite der Maske fädeln und auf der Rückseite der Maske verknoten.

Storchenkostüm

Storchenkostüme lassen sich mit etwas Fantasie auf unterschiedlichste Weise anfertigen. Damit die Kinder auch selbst etwas zu ihrer Verkleidung beitragen können, hier eine ganz einfache Variante.

Material: rote Strumpfhosen, weiße Laken, schwarzer Stoff oder schwarzes Krepppapier, Schere, Doppelklebeband

In die Mitte des Lakens mit der Schere ein Loch schneiden, das so groß ist, dass der Kopf des Kindes durchpasst. Dazu ist meist die Unterstützung der Spielleitung nötig. Dann aus Krepppapier oder Stoff ca. 3 cm breite Streifen schneiden. Die Länge ist beliebig, allerdings sollten keine „Stolperstreifen" entstehen. Ein Kind zieht das Laken über und breitet die Arme zur Seite aus. Die Spielleitung legt dann Stoff- oder Papierstreifen nacheinander über die Arme und fixiert sie mit einem Stück Doppelklebeband. Sie sollen seitlich schön herunterhängen und als „Flügel" zum Flattern dienen. Wenn die Streifen zu lang geraten sind, wird jetzt gekürzt.
Rote Strumpfhosen anziehen, Maske aufziehen. Fertig.

3 Ich bin der kleine Tanzbär

Traditionelles Lied
Textbearbeitung: Hartmut E. Höfele
Musikbearbeitung: Dorle Ferber

2. Strophe
Wir sind zwei kleine Tanzbär'n
und kommen aus dem Wald.
Wir such'n uns einen Freund aus
und finden ihn auch bald.
Und wir tanzen hübsch und fein …

3. Strophe
Wir sind drei kleine Tanzbär'n
und kommen aus dem Wald.
Wir such'n uns einen Freund aus
und finden ihn auch bald.
Und wir tanzen hübsch und fein …

Weitere Strophen
Wir sind (vier, fünf, sechs … usw.) kleine Tanzbär'n …

Tanzanleitung

Der erste Teil des Liedes wird mit wiegendem Tanzschritt zum 3/4-Takt ausgeführt. Die Kinder beginnen, sich zur Musik unvermittelt tapsig im Kreise zu drehen! Dann folgt ein beschwingter Taktwechsel, der zum Hüpfschritt anregt!
Ein Kind wird ausgezählt und darf in die Rolle des kleinen Tanzbären schlüpfen. Die anderen stellen sich im Kreis auf und schreiten im Bären-Wiegeschritt im Kreis herum. Der kleine Tanzbär schreitet in der Gegenrichtung. – Bei den Worten *finde ihn auch bald* sucht er sich einen anderen Tanzbären zum gemeinschaftlichen Tanzen aus, sodass in der nächsten Strophe schon zwei Bärchen im Kreis einen Innenkreises bilden *(Wir sind zwei kleine Tanzbär'n)*. Mit jeder weiteren Strophe kommt ein Tanzbär hinzu, bis alle Kinder als Tanzbären im „Innenkreis" tapsen.

Bärenmaske

Bastelanleitung
Material: 2 Pappteller, braune Wolle, Tacker, Klebstoff, Schere, Gummiband, kleiner eckiger Jogurtbecher, schwarzes Tonpapier, Gummiband, Stift

Auf den Pappteller zwei Augen aufmalen und diese aus der Pappe ausschneiden. Unter die Augen den Jogurtbecher als Nase auf den Teller kleben. An den Seiten zwei Löchlein bohren. Gummiband einfädeln und verknoten. Dann Wollknäuel auf die Maske kleben. Aus einem anderen Pappteller zwei Ohren ausschneiden und an die Maske tackern. Ohren auch mit Wolle bekleben. Um die Nase herum die Wolle glatt gezogen aufkleben. Für die Nasenspitze ein Stück schwarzes Tonpapier passend zurechtschneiden und aufkleben. Fertig ist das Bärengesicht!

ab 3

4 Ei, wie langsam kommt der Schneck'

Textvorlage: Friedich Güll
Textbearbeitung: Hartmut Höfele
Musik: Dorle Ferber

Das Original von Fr. Güll heißt „Von dem kleinen Schnecklein unter'm Rosenstöcklein, in dem Dornenhecklein".

Tanzanleitung

Das Lied vom lahmen Schneckerich ist ursprünglich als Fingerspiel für die Allerkleinsten gedacht. In dieser Kreistanzversion wird das Tanztempo variiert.

Zu den ersten beiden Strophen gehen die Kinder ganz langsam im Schneckentempo.
Zu den folgenden Strophen dann im Hüpfschritt !

Die Kinder stehen im Kreis hintereinander.
1. Strophe: rechts herum schlurfen
2. Strophe: links herum schlurfen

Mit Schleif-Schlurf-Schritt trollig, krumm und schlapp im Kreis herum schlurfen. Die Schuhe langsam, schleppend über den Boden schleifen und dabei die Arme in die Höhe strecken.

3. Strophe: rechts herum hüpfen
4. Strophe: links herum hüpfen

Dann Hoppla-hopp-Pferde-Galoppschrittchen mit leichtem, federndem Absprung. Während des Sprunges wird das nachsetzende Bein herangezogen.

ab 4

5 Häschen in der Grube

Text: Friedrich Fröbel
Musik: Karl Enslin
Musikbearbeitung: Hartmut Höfele

Tanzanleitung

Die Kinder bilden einen Kreis und fassen sich an den Händen. Ein „Hasenkind“ hockt in der Kreismitte. Während die Kreiskinder das Lied singen, umrunden sie tanzend das „Häschen“. – Unser Häschen ist nicht krank, es macht nur ein Nickerchen! In der letzten gesungenen Zeile hüpft das „Häschen“ in die Luft und bildet mit den Händen Hasenohren.

In der zweiten Strophe tanzen die Kinder auf die Kreismitte zu, wieder in den Ursprungskreis und wieder auf die Mitte zu. An der Textstelle *Häschen lauf,* hüpft das „Hasenkind“ in der Mitte zu einem der Kreiskinder und tauscht mit ihm den Platz. Beim nächsten Durchgang darf das ausgewählte Kreiskind dann da Häschen „sein“.

Die Melodie stammt von dem Volkslied „Wer die Gans gestohlen hat, der ist ein Dieb“, das im Jahr 1824 von Ernst Anschütz in „Fuchs, du hast die Gans gestohlen“ umgedichtet wurde.

Fröbels Trostspiellied

Bekannt wurde dieses Lied besonders mit der erste Strophe. In Friedrich Fröbels Liedtext bekommt das Häschen Medizin, sodass es dann wieder hüpfen kann:

Häschen in der Grube nickt und weint, nickt und weint.
„Doktor, kommt geschwind vorbei und verschreibt ihm Arzenei.
Häschen, schluck, Häschen, schluck, Häschen, schluck!“

Häschen in der Grube hüpft und springt, hüpft und springt.
Häschen, bist du schon kuriert, s' Häschen rennt und galoppiert.
Häschen, hüpf, Häschen, hüpf, Häschen, hüpf

Die zweite Strophe hat Friedrich Fröbel mit einem Fangspiel verknüpft.

Übrigens: Das Grundprinzip moderner Kindererziehung geht auf den Pädagogen Friedrich Fröbel zurück. Mit seinen Ideen begründete er im 19. Jahrhundert nicht nur das noch heute zentrale Erziehungskonzept, sondern auch die Institution „Kindergarten“. Laut Fröbel sollen Kinder sich durch Greifen und Begreifen spielerisch die Welt erschließen. Seine Theorie fußt wiederum auf der Lehre Johann Heinrich Pestalozzis.

6 Meine Mühle, die braucht Wind

6

Traditionelles Volklied
Textbearbeitung: Hartmut Höfele
Musikbearbeitung: Dorle Ferber

Vor- und Zwischenspiel

Strophe

Schlussteil

Mühlenspiel

Das Mühlenspiel in Kreuzfassung ist ein Klassiker und macht allen Kindern immer wieder viel Spaß. Unsere Großeltern haben es gespielt, unsere Eltern, wir, unsere Kinder und wahrscheinlich auch die nachfolgenden Generationen ...

Die Kinder bilden Pärchen und stellen sich einander gegenüber. Die Füße stehen eng beisammen. Dann fassen die Spielerinnen sich überkreuz an den Händen, gehen mit dem Oberkörper zurück und fangen an, sich zur Musik in eine Richtung im Kreis herum zu drehen. Erst langsam, dann immer schneller und schneller. Dann in die andere Richtung.

Mühlenreim-Lauf

Diese Aktion dient zum Aufwärmen und Einüben des Laufweges einer gemeinsam koordinierten Kreuztanzformation.
Die Kinder bilden zwei gleich große Gruppen und stellen sich in Kreuzform auf. Die Spielleitung spricht dann den „Mühlen-Gehschritt-Reim" rhythmisch:

Die Mühle will dreh'n.
Wir zählen bis zehn.
Dann bleiben alle steh'n.
Eins ... zwei ... drei ... vier ... fünf ...
sechs ... sieben ... acht ... neun ...
Steh'n!

Die Tänzerinnen führen die Schritte entsprechend dem vorgetragenen Sprechtempo aus:

- Zuerst im langsamen Sprechtempo, begleitet von gemäßigt ausgeführten Gehschrittchen.
- Dann etwas schnelleres Sprechtempo, begleitet von forsch ausgeführten Gehschritten.
- Und schließlich in flottem Tempo im Galopp.

Wind bewegt

Erzählen Sie zur Einstimmung – mit einem kleinen Windrad in der Hand – etwas über die Kraft des Windes: Einst haben Windmühlen dazu gedient, Getreide zu mahlen. Wer kennt die riesigen Windräder, um Energie zu gewinnen? – Die Kinder pusten nun gegen das Windrädchen und erfahren die Kraft selbst. Was passiert, wenn sie stark oder schwach pusten?

7 Was müssen das für Bäume sein

Traditionelles Lied
Bearbeitung: Tobias Escher

Gesten- und Bewegungsanleitung

Was müssen das für Bäume sein,	*Arme über dem Kopf hin und her schwenken*
wo die großen	*Arme deuten einen riesigen Kreis an*
Elefanten spazieren geh'n,	*mit der linken Hand an die eigene Nase fassen und den rechten Arm wie einen Rüssel durch die so entstandene Schlaufe stecken und schwenken*
ohne sich zu stoßen?	*sich selbst mit der Hand an die Stirn stoßen*
Rechts sind Bäume, links sind Bäume	*zuerst mit beiden Händen Zeigegeste nach rechts, dann nach links*
und dazwischen Zwischenräume,	*mit beiden Händen in die Mitte zeigen*
wo die großen	*wie oben*
Elefanten spazieren geh'n,	*wie oben*
ohne sich zu stoßen?	*wie oben*

Was müssen das für Flüsse sein

Textvarianten erweitern den Spaß! Nach den folgenden Strophen können sich die Kinder ganz neue Strophen ausdenken.

Was müssen das für Flüsse sein,
wo die großen Elefanten jetzt baden geh'n,
ohne Badehosen.
Links sind Flüsse, rechts sind Flüsse
und dazwischen Bambusbüsche,
wo die großen Elefanten jetzt baden geh'n,
ohne Badehosen.

Was müssen das für Berge sein,
wo die großen Elefanten nun klettern geh'n,
ohne abzustürzen.
Links sind Berge, rechts sind Berge,
in der Mitte tanzen Zwerge,
wo die großen Elefanten nun klettern geh'n,
ohne abzustürzen.

Was müssen das für Betten sein,
wo die kleinen Elefanten jetzt schlafen geh'n,
ganz ohne zu weinen?
Rechts sind Kissen, links sind Kissen,
und die werden rumgeschmissen,
wo die kleinen Elefanten jetzt schlafen geh'n,
ganz ohne zu weinen.

ab 4

8 Alle Leut' geh'n jetzt nach Haus'

Volkslied aus Kärnten
Bearbeitung: Tobias Escher

1. Strophe (mit Gesten)
Alle Leut', alle Leut' geh'n jetzt nach Haus'.
(mit den Füßen aufstampfen)
Große Leut', *(Arme nach oben strecken)*
kleine Leut', *(Arme zum Boden hin strecken)*
dicke Leut', *(mit den Armen vor dem Bauch einen Kreis bilden)*
dünne Leut', *(Hände auf den Bauch legen)*
alle Leut', ... *(klatschen)*

2. Strophe
Alle Leut', ... *(stampfen)*
Geh'n in ihr Kämmerlein,
(Hände bilden ein Dach über dem Kopf)
lassen fünf gerade sein.
(Hände drehen sich über dem Kopf)
Alle Leut', ... *(klatschen)*

3. Strophe
Alle Leut', ... *(stampfen)*
Sagen auf Wiederseh'n,
(mit der „einen" Hand winken)
es war heut' wieder schön.
(mit der „anderen" Hand winken)
Alle Leut', ... *(klatschen)*

Bewegungsanleitung

Statt im Sitzkreis, kann dieses Lied auch in einem Bewegungskreis gestaltet werden. Die Kinder laufen zum Lied im gemäßigten Tempo im Kreis. Passend zum Liedtext werden dann die entsprechenden Bewegungen ausgeführt:

- auf die Zehenspitzen stellen, die Arme über dem Kopf ausstrecken
- dann ganz klein machen
- einen dicken Bauch zeigen
- zum Schluss winken

Erst winkt die rechte Hand, dann die linke Hand: „Winke, Winke!"

Alle Leut' geh'n jetzt ins Bett

Wenn sich der „Abschied" nicht auf das Nach-Hause-gehen bezieht, sondern auf das Ins-Bett-gehen, egal ob zum Mittags- oder Nachtschlaf, dann gibt es hier noch eine kleine Textvariation dazu.

Alle Leut', alle Leut' geh'n jetzt ins Bett.
Große Leut', kleine Leut', dicke Leut', dünne Leut'.
Alle Leut', alle Leut' geh'n jetzt ins Bett.
Geh'n in ihr Zimmerlein, lassen das Spielen sein.
Alle Leut', alle Leut' geh'n jetzt ins Bett.

Immer leiser und langsamer werdend weitersingen:

Träumen vom Mondenschein,
von kleinen Engelein.
Alle Leut', alle Leut' schlafen jetzt ein.

Atmen jetzt ruhig und tief,
ich hab' dich ganz doll lieb.
Alle Leut', alle Leut' schlafen jetzt: Psssst.

Finde die Lieder

In jeder Kapitelillustration verstecken sich die Lieder des folgenden Kapitels. Mit diesem Bilderinhaltsverzeichnis, das auch als Suchspiel genutzt werden kann, können die Kinder ihr Lieblingslied auf einen Blick finden.

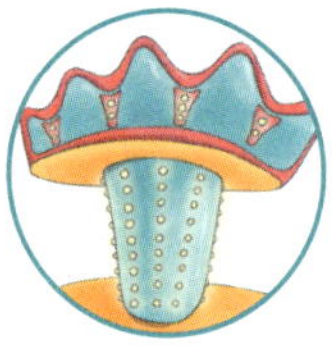

Neue Kreistanzlieder mit Pfiff

9 Boogie Woogie

Musik: Edwin Pearce Christy
Text: überliefert; Bearbeitung: Tobias Escher

3. Strophe
Boogie Woogie, *(dreimal klatschen)*
Boogie Woogie, *(dreimal klatschen)*
Boogie Woogie, *(dreimal klatschen)*
heut' tanzen wir im Kreis.
(2x singen)

Erst zeigt der rechte Arm hinein,
dann zeigt der rechte Arm hinaus.
Dann drehen wir uns schnell im Kreis
und schütteln ihn ganz kräftig aus.
Wir laufen in die Mitte
und wir wechseln unser'n Platz.
Und alle machen mit.

„Goodnight Ladies", „Rucki Zucki", „Hokey Pokey" oder „Boogie Woogie": Die Melodie dieses Liedes wurde schon oft bearbeitet und für neue Ideen genutzt. Ursprünglich stammt es vermutlich von Edwin Pearce Christy, einem Komponisten, Sänger und Schauspieler aus Philadelphia. „Goodnight Ladies" wurde in dieser Form erstmals 1867 veröffentlicht.

Gesten- und Bewegungsanleitung

Alle Tänzerinnen gehen singend in gemäßigten Schritten zur Musik im Kreis herum. Dabei machen sie die im Text beschriebenen Bewegungen mit:
Bei *Boogie Woogie* die Hände in die Hüften stemmen und dabei die Hüften hin und her bewegen. Dann dreimal rhythmisch in die Hände klatschen.
Die im Liedtext beschriebenen Körperteile jeweils in die Kreismitte strecken.

- den linken Arm hinein
- das rechte Bein hinein
- das linke Bein hinein
- das rechte Ohr hinein
- das linke Ohr hinein
- die rechte Hüfte hinein
- die linke Hüfte hinein

Verschiedenste Körperteile können jeweils in die Mitte gestreckt werden: Po, Ellenbogen, Ohr usw.
Alle Körperteile aufzählen, bis zuletzt der gesamte Körper in die Kreismitte springt.

10 August Fridolin, der Pinguin

10

Traditionelles Lied
Bearbeitung: Hartmut E. Höfele

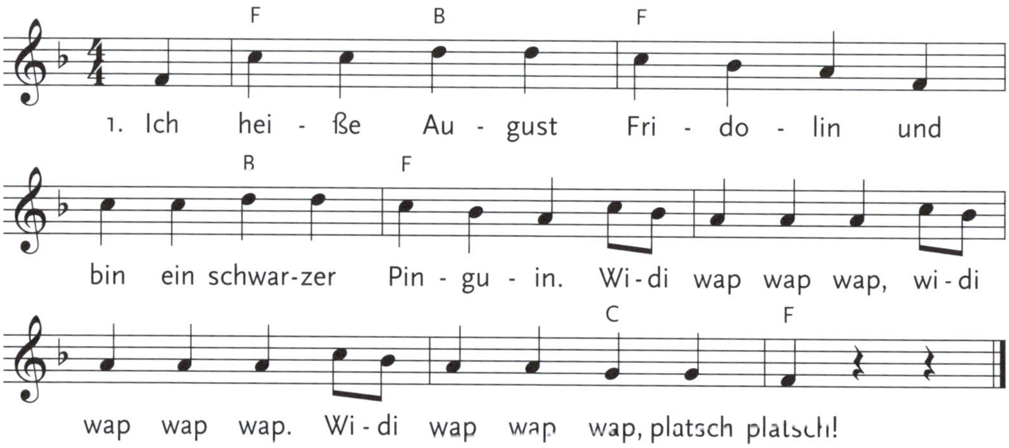

2. Strophe
Und meine Frau die Wiedewisch,
die schwimmt im Wasser wie ein Fisch,
widi wap …

3. Strophe
Wir haben auch noch Kinderlein,
die watscheln lustig hinterdrein,
widi wap …

4. Strophe
Wir watscheln an dem Meeresstrand
und kommen rum im ganzen Land
widi wap …

Traditionelle Textvariation

Wir sind Familie Pinguin
und watscheln jetzt zum Wasser hin,
widi wap …

Und wollt ihr uns mal seh'n so froh,
dann kommt mal wieder in den Zoo,
widi wap …

Pinguin

Ein kleines Sprachspiel
von Joachim Ringelnatz

Auch die Pinguine ratschen,
tratschen, klatschen, patschen,
watscheln, latschen, tuscheln,
kuscheln, tauchen, fauchen.

Hinweis: Eine humorvolle Wirkungsverstärkung wird erreicht, wenn die einzelnen Wörter mit Handlungen verbunden werden.

Tanzanleitung

Die Kinder bilden zum „Widi-wap-wap-Watschelgang“ einen Tanzkreis mit Handfassung. Ein „August Fridolin“ wird ausgezählt, welcher im Kreis umherwatschelt wie ein Pinguin. Beim Watschelgang bewegt sich August Fridolin rhythmisch hin und her wackelnd fort, wobei er das Gewicht sichtbar von einem auf das andere Bein verlagert. Bei der Liedzeile *wap, wap, wap* klatscht August Fridolin in der Mitte dreimal in die Hände. Die Kinder im Kreis klatschen ebenfalls in die Hände.

In der 2. Strophe sucht sich unser Pinguin eine Frau *(Schwimmbewegungen ausführen)*.
In der 3.Strophe gesellen sich die Pinguinkinder dazu *(wackeln nachmachen)* usw.
In der 4. Strophe bewegen sich alle als Pinguine watschelnd voran.

Diese Choreografie lässt sich beliebig nach eigenen Vorstellungen abwandeln. Wichtig ist aber, dass dabei das spielerische „Watschel-Watschel“ erhalten bleibt.

Pinguinschnabelmaske

Die Pinguin-Maske ist genauso anzufertigen wie die Storchenmaske (siehe Seite 24). Nur ist der Schnabel kürzer.

11 Oma, hüpf mal!

Traditioneller Text aus Berlin
Musik: Tobias Escher/Hartmut E. Höfele

2. Strophe
War ein Graben in der Nähe,
war ein Loch in der Chaussee,
„Oma, hüpf mal“, sprach die Kleine
Dann sprang Oma in die Höh’.

3. Strophe
Als das niedlich’ kleine Mädchen
seine Oma hüpfen sah,
sprach es öfter:
„Oma, hüpf mal“,
und dann hüpfte Omama.

4. Strophe
Kam ein Schutzmann
längs des Weges,
sah das Kind und war empört:
„Hör mal auf, du freche Göre,
du benimmst dich unerhört.“

5. Strophe
„Ach, Herr Schutzmann“,
rief das Mädchen.
„Ach, Herr Schutzmann, sein Sie still.
Diese Oma, die ist meine,
ja, die hüpft dann, wann ich will.“

In der traditionellen Liedfassung wird der Text mit einer anderen Melodie vertont. Für diese kleine „Kindermoritat" wurde hier eine tanzbare Variante gewählt. Das lustige Lied von der hüpfenden Oma dient als Grundlage für einen Pantomime-Kreistanz. Mit entsprechender Gestik, Mimik und passenden Bewegungen wird hier eine Geschichte tänzerisch nachempfunden. Dieser Tanzvorschlag zur Begleitung des Handlungsablaufes lässt sich natürlich auch wunderbar mit selbst erdachten Gesten und Bewegungen erweitern und zusätzlich ausschmücken.

Tanz- und Gestenanleitung

Die Kinder bilden einen Paarkreis mit Handfassung. Das heißt, es gibt einen Innen-und einen Außenkreis, bei dem die Tanzpaare sich gegenüberstehen und an den Händen halten.

1. Strophe
Kreislauf: Die Innenkreiskinder führen die Außenkreiskinder (blinde Omas), welche die Augen geschlossen halten.

2. und 3. Strophe
Kreislauf mit Hüpfer über einen imaginären Graben: Die Innenkreiskinder „tanzen" im Gehschritt; die Außenkreiskinder machen Hüpfer.

4. Strophe
Kreislauf mit Körpersprache (Handgeste & Mimik): Die Außenkreiskinder mimen mit erhobenem Zeigefinger den Schutzmann. Die Innenkreiskinder schütteln verständnislos den Kopf hin und her.

5. Strophe
Kreislauf mit Körpersprache (Handgeste & Mimik): Die Außenkreiskinder halten sich empört mit den Händen die Ohren zu. Die Innenkreiskinder zeigen mit ausgestreckten Fingern eine freche, lange Nase. Dazu beide Hände mit gespreizten Fingern aneinander legen und vor der Nase in Position bringen.

ab 3

12 Das Ki, ka, ki, ka Karussell

12

Text: Hartmut E. Höfele
Musik : Dorle Ferber

Seil-Karussell

Das Seilkarussell fördert Koordinationsfähigkeit und gegenseitige Achtsamkeit. Das Seil gibt den Kindern den notwendigen Halt. Man bildet einen Spielkreis, indem ein langes Tanzseil zusammengeknotet wird, an dem sich jedes Kind mit der rechten Hand festhält.

1. Teil: Die Kinder drehen langsam und dann schnell im Kreis herum. Auf die Singzeile *Mach mit* bleiben sie stehen.

2. Teil

Langsam, langsam fängt es an,	*langsam anfangen zu drehen*
immer schneller wird es dann,	*jetzt immer schneller werden*
sausendschnell, sausendschnell	
dreht sich dann das Karussell,	*ganz schnell weiter drehen*
bis der große Schwung vergeht	*Tempo verlangsamen*
und das Karussell dann steht.	*noch langsamer bis zum Stillstand*

3. Teil

Das Ki, ka, ki, ka, Karussell	
dreht sich im Kreis herum,	*Die Kinder gehen langsam im Kreis herum,*
dreht sich im Kreis herum,	*dann schneller*
und wir dreh'n uns mit,	
im Kreise Schritt für Schritt,	*wieder langsamer werden*
mach mit!	*stehen bleiben*

13 Hoppeldipoppel

13

Text: Sybille Günther
Musik: Dorle Ferber

Refrain

Hoppeldipoppeldi Hopp di Hopp, ...

2. Strophe

Die Hasen feiern Hochzeitsfest,
sie woll'n nicht mehr alleine sein.
Sie suchen sich eine Hasenfrau –
nun hoppeln sie im Feld zu zwei'n.

Refrain

Hoppeldipoppeldi Hopp di Hopp, ...

3. Strophe

Die Hasen können nicht mehr ruh'n,
sie haben jetzt sehr viel zu tun.
Am Ostermorgen heijeijei,
da liegt im Nest ein Osterei.

Refrain

Hoppeldipoppeldi Hopp di Hopp, ...

Tanzanleitung

Bei diesem Lied verwandeln sich alle Kinder in kleine Hoppelhasen. Sie „hoppeln“ zur flott arrangierten Musik im Kreis herum. Dabei halten sie ihre Hände vor der Brust wie die Hasenkinder es mit ihren Vorderpfoten tun. Hoppelsprünge können hoch und weit sein oder klein und unregelmäßig. Auch Freudensprünge sind erlaubt und „Haken-schlagen“ sowieso.

Während der Strophen gehen die Kinder in die Kreismitte. Sie ducken sich die in die Hocke und spitzen die „Löffel.“ Dazu halten sie die Hände an den Hinterkopf und wackeln mit ihren Hasenohren herum, denn so lauschen alle Häschen. Auch die Kinder „spitzen ihre Löffel“, sind „ganz Ohr“ oder „sperren ihre Lauscher auf“. Sie hören also ganz genau hin.
Mit Schnuppergesten und wackelnden Näschen finden sich die Hasen dann paarweise wieder zusammen und hoppeln beim flotten Refrain wieder munter im Kreise herum.

Hasenohren & Hasenzähne

Bastelanleitung
Mit einer ganz einfachen Bastelei schafft es jedes Kind, sich in einen witzigen Hoppelhasen zu verwandeln. Vor allem die Hasenzähne sorgen für große Lacher.

Material: weißes und braunes Tonpapier oder dünner Karton, Tacker, Schere, Stift

Für die Hasenohren wird zunächst ein ca. 4 cm breiter Streifen aus braunem Tonpapier zugeschnitten, am Kopf angepasst und mit einem Tacker zu einem Stirnband verschlossen.
Jetzt zwei lange Hasenohren auf Tonpapier aufmalen, ausschneiden und an das Stirnband tackern. Für die Zähne einen kleines Rechteck aus weißem Tonpapier zuschneiden, in der Mitte einen Strich aufmalen und die „Zähne“ unter die Oberlippe schieben, sodass sie aus dem geschlossenen Mund herausgucken.

14 Tanz der Blumenkinder

Text: Hartmut E. Höfele
Musik: Dorle Ferber

Tanzanleitung

Material: Chiffontücher, je Kind zwei von einer Farbe.

Die Chiffontücher an beide Handgelenke binden. Die Kinder bilden einen Tanzkreis. Ein „Tag-Elfchen" trägt gelbe Tücher, das „Nacht-Elfchen" dunkelblaue. Die beiden Kinder knien in der Kreismitte nieder. Die Blumenelfen im Außenkreis knien ebenfalls. Mit Beginn der Musik tanzt die Tag-Elfe entlang des „Blumenkranzes" und weckt alle Blumenkinder auf, die sich zu räkeln beginnen. Das Tag-Elfchen hilft jedem beim Aufstehen. Stehen alle Blumenkinder, fassen sie sich an den Händen und tanzen im Kreis. Dann lassen sie die Hände los und drehen sich einmal um sich selbst. Das Tag-Elfchen beginnt zu gähnen und legt sich in die Kreismitte, um zu schlafen. Nun erwacht die Nacht-Elfe und läuft munter um den Blumenkreis. Die Blumenkinder werden nun auch müde. Sie gähnen, räkeln sich und legen sich auf die Erde. Die Nacht-Elfe läuft noch einmal im Kreis herum und legt sich dann auch hin, um zu schlafen.

Wiesenblumenkranz

Material: 1 großer, langstieliger (!) Wiesenblumenstrauß (z. B. Gänseblümchen, Butterblumen, Vergissmeinnicht, Löwenzahn, Taubnessel), Bindfaden

Die Stiele eines fingerdicken Blumenbündels unterhalb der Blumenköpfchen zusammenbinden. Das Bündel in drei Teile trennen und wie einen Zopf verflechten. Immer neue Blumen einflechten, bis der Kranz um den Kopf passt. Die Enden mit Fäden verknoten.

Krepppapier-Blumenkranz

Material: 1 Pappstreifen (ca. 2,5 cm breit und 60 cm lang), Schere, buntes Krepppapier, Tacker

Den Streifen mit grünem Krepp umwickeln und festtackern. Für die Blumen Krepppapierstreifen schneiden. Diese zu Blümchen drehen und an die Pappe tackern. Blumenkranz an den Kopf anpassen und mit dem Tacker schließen.

ab 4

15 Das Zwergen-Laternenlauflied

15

Text : Hartmut Höfele
Musik: Tobias Escher

2. Strophe
Der Mond scheint heut' am Himmel,
will nicht alleine sein.
Drum gehen wir nach Hause
bei hellem Mondenschein.

Am Himmel leuchten Sterne
und hier leuchten Laternen.
Wir laufen alle, kommt lauft mit!
Wir laufen alle, Schritt für Schritt.

(Zwischenspiel)

3. Strophe
So gehen wir im Kreis herum
Und singen alle mit
Das Zwie-, Zwa-, Li-, Laternen-,
unser Laternenlied.

Am Himmel leuchten Sterne
und hier leuchten Laternen.
Wir laufen alle, kommt lauft mit!
Wir laufen alle, Schritt für Schritt.

Tanzanleitung

Im Takt zur Musik schreiten die Kinder im Kreis hintereinander her. Zum Beispiel zur Adventsfeier, an Sankt Martin, zum Erntedankfeuer oder zu einem anderen Lichterfest. Denn Lichterfeste gibt es ja viele, und zu den meisten passt ein feierlicher Laternenlauf, oder auch ein Schreittanz um eine Lichtquelle herum.

Das Licht im Raum wird gelöscht und der Laternenzug geht im Kreis herum. Die Kinder machen in der Dunkelheit einen Rundlauf um den Feuerkorb. Schön ist auch der Rundgang im Wiegeschritt um eine große Kerze.

Variationen

- Frei im Raum herumgehen.
- Hintereinander in Schlangenlinien gehen.
- Einen Kreis bilden und sich im Kreis bewegen.
- Um die eigene Achse drehen.
- Zusammen in die Mitte kommen und sternförmig auseinandergehen.

Zündet eure Lichtlein an und tragt sie in die Nacht

Überall im ganzen Land
geh'n Millionen Lichter an.
Erntefeuer, Fackelzug,
Kinder mit Laternen.

Überall im ganzen Land
wird die Dunkelheit
verbannt.
Lichterketten, Kerzenlicht
leuchten mit den Sternen.

Lichterfeste, Lichterzeit
vertreiben uns
die Dunkelheit.
Wir feiern draußen,
drinnen auch,
denn das ist
ein schöner Brauch.

Susanne Steffe &
Sybille Ruisinger

ab 3

16 Im Kreise woll'n wir gehen

16

Text: Hartmut E. Höfele
Musik: Hartmut E. Höfele & Günter Geisinger

2. Strophe

Im Kreise woll'n wir springen,
ich geb' dir meine Hand.
Wir geben uns die Hände,
du gibst mit deine Hand.

Im Kreise woll'n wir spri-in-gen,
und wir wollen si-in-gen.
Rundherum im Kreis sich dreh'n,
ach wie ist das wunderschön.

3. Strophe
Im Kreise woll'n wir tanzen,
ich geb' dir meine Hand.
Wir geben uns die Hände,
du gibst mit deine Hand.

Im Kreise woll'n wir ta-an-zen,
mit den Füßen stampfen.
Rundherum im Kreis sich dreh'n,
ach wie ist das wunderschön.

Tanzanleitung

Die Tänzerinnen geben sich die Hand und führen zur Musik folgende Tanzwege durch:

- Rechts im Kreis herum,
- links im Kreis herum,
- Hände loslassen, einmal um sich selbst herumdrehen, Hände wieder fassen.
- Zusammen in die Kreismitte laufen; dann wieder zurück in den Außenkreis.
- Kreis auflösen und eine Reihe bilden.
- Reihe zur Spirale eindrehen und wieder ausdrehen.

Hinweis: Man kann mit den Kindern die Strophen beliebig erweitern, zum Beispiel durch Bewegungswörter wie „hüpfen" (die Beine uns verknüpfen), „schleichen" (und den and'ren streicheln), „trampeln" (und zusammen wandeln) …

Finde die Lieder

In jeder Kapitelillustration verstecken sich die Lieder des folgenden Kapitels. Mit diesen Bilderinhaltsverzeichnis, das auch als Suchspiel genutzt werden kann, können die Kinder ihr Lieblingslied auf einen Blick finden.

Banuwa

Funga, funga

Takibi, Takibi

Eller, eller sap sap sap

Vi har en gammel tante

Lelo, Lelo, Lelola

Tanzen ohne Grenzen

ab 3

17 Banuwa

17

Text und Musik: Traditionell aus Liberia
Bearbeitung: Dorle Ferber

„Banuwa“ ist ursprünglich ein Trost- und Wiegenlied. Zuwendung, sanfte Berührungen in Verbindung mit Worten, die in einen Rhythmus oder kleine Melodien gepackt sind, geben dem Kind das Gefühl, dass sein Schmerz ernst genommen wird. Dabei ist es nicht wichtig, ob die Kinder die Worte verstehen oder ob es sich um Fantasiegebilde handelt. Mit der Stimme fühlt man sich in das Kind ein und wirkt wie eine feinstoffliche Klangmassage wirkt.
Diese hilft beim Loslassen, baut Spannungen in Körper, Seele und Geist ab, schickt sie auf eine kleine innere Reise und unterstützt positiv aufbauende Kräfte. Man darf sich von den Klängen der singenden Gruppe getragen oder auch „gebadet“ fühlen.

Tanzanleitung

Material: Tuch oder Teppich, ein größeres Kissen (etwa mit Herz- oder Sonnensymbol), Triangel oder Zimbeln

Vorbereitung: Tuch oder Teppich in der Kreismitte auslegen und das Kissen darauf platzieren.

Ablauf: Alle Kinder bilden einen Kreis und werden bei einem zuvor verabredeten Klang (z. B. einem zarten Beckenschlag, Triangel, Zimbel) mucksmäuschenstill und aufmerksam. Ein Kind begibt sich in die Kreismitte, sucht sich eine bequeme Haltung und schließt die Augen. Währenddessen „besingen" alle im Kreis dieses Kind mit aller Aufmerksamkeit und Zuwendung.
In jeder Spielrunde darf es sich ein ausgesuchtes Kind in der Mitte auf dem Kissen gemütlich machen. Es schließt die Augen und lässt sich von den Kreiskindern besingen. Die Spielleitung wählt nach Möglichkeit ein Kind aus, von dem sie den Eindruck hat, dass es besondere Zuwendung benötigt.

Die Kreis-Kinder halten sich an den Händen, stehen im Kreis und singen dabei.

Beim jeweils ersten „Banuwa" deuten beide Hände aller Kinder auf die Erde.
Beim zweiten „Banuwa" recken die Kinder ihre Hände hoch in den Himmel.
Bei „Banuwayo" legen sie sich beide Hände auf's eigene Herz.

Hinweis: Ältere Kinder (ab ca. 4) können sich dabei seitlich, in kleinen Schritten gehend, im Kreis bewegen.

ab 4

18 Funga, funga

18

Text und Musik: Traditionell aus Ghana
Bearbeitung: Sybille Ruisinger

Besonders in ländlichen Gegenden fernab der ghanaischen Großstädte wird die Tradition der Begrüßung auch heute noch lebendig gehalten. Findet sich ein Gast ein, wird ihm ein kühles Plätzchen angeboten und eine Erfrischung gereicht. Im Nu versammeln sich dann junge Leute, die zum Zeichen ihrer Gastfreundschaft oder auch aus purer Lebensfreude einen Begrüßungstanz aufführen.

„Wenn Du sprechen kannst,
kannst Du singen,
wenn Du gehen kannst,
kannst Du tanzen."
Afrikanisches Sprichwort

Tanzanleitung

Strophen:
Zunächst stellen sich die Kinder in einer Reihe hintereinander in Kreisformation auf. Dann je Strophenzeile

- vier Schritte nach vorn gehen und mit der rechten Hand winken;
- vier Schritte auf der Stelle treten und mit beiden Händen ans Herz fassen;
- vier Schritte nach hinten gehen und mit der linken Hand winken;
- wieder vier Schritte nach vorn ... usw.

Hinweis: Die Schritte können mit unterschiedlicher Intensität ausgeführt werden, z. B.: Im ersten Durchgang normale Gehschritte. Und dann energische Stampfschritte.

Refrain
- Komm bleib hier *(beide Hände nach vorn strecken und eine einladende Geste zeigen)*
- Schön ist's mit dir *(beide Hände ans Herz führen)*
- Sing mit mir *(beide Hände nach vorn strecken und eine einladende Geste zeigen)*
- Ich sing mit dir *(beide Hände ans Herz führen)*

ab 4

19 Takibi, Takibi

19

Musik: Traditionell aus Japan
Musikbearbeitung: Dorle Ferber
Textbearbeitung: Sybille Ruisinger

Lichtertanz

Dieser besinnliche Schreit- und Lichtertanz geht in die Richtung eines Sacred Dance oder meditativen Tanzes. Er wird mit Teelichtern getanzt und ist in einem abgedunkelten Raum am wirkungsvollsten.
Das Leuchten der Teelichter sorgt dann für Helligkeit, Orientierung, Wärme und ein schönes Gefühl der Behaglichkeit.

Material: je Tänzerin bzw. Tänzer 1 Teelicht in einer Schale.
Die Kreismitte kann aus Tüchern, Kerzen, Blumen oder anderen Gegenständen bestehen.

Die Kinder tanzen in bequemer und luftiger Kleidung.
Sie beginnen zunächst, ihre Arme zur Musik zu bewegen, heben die Arme an, schwingen sie, rudern damit und tun, was ihnen sonst noch einfällt.

Dann bewegen die Kinder ihren Körper und beginnen, im Kreis herumzugehen. Dabei üben sie erst einmal den Rhythmus der wiegenden Schritte. Sie halten sich aufrecht, gehen im wiegenden Schritt und mit leicht federnden Knien. Wenn das gut klappt, nehmen die Tänzerinnen eine Teelichterschale auf und tragen sie auf den Handtellern herum.
Alle Kinder halten ihre Lichter vor dem Körper in Brusthöhe. Sie gehen weiter im Wiegenschritt.

Als nächstes schwingen sie dann vorsichtig die Arme im Grundrhythmus nach rechts und nach links. Der Schritt- und Schwingrhythmus bleibt stets gleich.

ab 3

20 Eller, eller sap sap sap

20

Text und Musik: Traditionell aus der Türkei
Bearbeitung: Dorle Ferber

Dans etmek – lasst uns tanzen

Dieses berühmte Klatschtanzlied kennt in der Türkei wohl jedes Kind. Und die „Anne", die Mutter, die Oma „Anneanne", die Tanten, ja sogar die „Babas" also die Papas und die „Dede", die Opas, und alle anderen in der Familie. Schon die ersten Takte sorgen für große Begeisterung.

Vorübungen zum Tanz

1. Mit dem Zeigefinger deuten die Kinder nach oben und bewegen die Hand dabei kreisförmig im Rhythmus zur Musik.
2. Nun folgt die Übung mit dem Hula-Hoop Reifen, der um die Hüfte kreiselt. Eine echte Herausforderung an die Koordinationsfähigkeit.

Tanzanleitung

Im Rhythmus der Musik wird auf die Silben „sap sap sap" und „klapp, klapp, klapp" jeweils in die Hände geklatscht. Auf die Singsilben „tapp, tapp, tapp" stampfen die Kinder mit den Füßen rhythmisch auf den Boden.

Die Mädchen

- drehen ihr Becken in kreisenden Bewegungen und
- führen die Arme bzw. Hände in geschmeidigen Bewegungen nach oben.

Die Jungen

- schwingen den Oberkörper rhythmisch hin und her,
- klatschen mit den Händen abwechselnd rechts und links,
- heben die Arme und schnipsen mit den Fingern oberhalb des Körpers.

ab 4

21 Vi har en gammel tante

Text und Musik: Traditionell aus Norwegen
Textbearbeitung: Hartmut Höfele
Musikbearbeitung: Tobias Escher

Strophe in Norwegisch

Vi har en gammel tante
som heter Monika
og när hun gär pä torvet
vi hemmer etter a

For sänn sveier rompa
og rompa sveier sänn:
For sänn sveier henda
og henda sveier sänn:

Tanzanleitung

Dieser Tanz ist denkbar einfach und sehr witzig. Zum Refrain hüpfen und tanzen die Kinder im Kreis herum. Und zu den Strophen machen sie die entsprechenden Bewegungen. Zum Beispiel:

Popo wackeln und

- Finger spreizen und beide Hände wie Fächer zur Seite hin- und her bewegen,
- die Hände in Lauschhaltung an die Ohrmuscheln halten,
- die Fußspitzen nach innen und außen drehen,
- in die Knie gehen und wieder aufstehen.

Wir ha'm noch mehr!

Wir ha'm 'nen alten Onkel,
und der heißt Rüdiger,
und wenn er in den Stall geht,
dann machen wir ihn nach.

Und so wippt der Popo, der Popo, der wippt so,
und so wippen die Hände, die Hände wippen so.

Wir ha'm 'ne alte Oma,
und die heißt Sophia,
und wenn sie an dem Herd steht,
dann machen wir sie nach.

Und so wippt der Popo, ...

Wir ha'm 'nen alten Opa,
und der heißt Friedhelm, ja,
und wenn er Omas Po sieht,
dann machen wir ihn nach.

Und so wippt der Popo, ...

ab 3

22 Lelo, Lelo, Lelola

22

Musik und Text: Traditionell aus Südamerika
Bearbeitung: Dorle Ferber

Strophe in Spanisch

Un poquito cantas, un poquito bailas,
un poquito lelola, como un canario.

Refrain

Le-lo-la, Le-lo-la, Le-lo-le-lo, Le-lo-la,
Le-lo-la, Le-lo-la, Le-lo-le-lo-la.

Die Heimat des Kanarienvogels sind die Kanarischen Inseln. Das Lied stammt vermutlich von südamerikanischen oder spanischen Einwanderern, die seit dem 15. Jahrhundert auf die „Inseln der Glückseligen" – so die Bezeichnung seit der Antike – gezogen sind.

Kanarienvogel-Tanzanleitung

Material: zwei gelbe oder orange Chiffontücher

Ein Kind nimmt zwei gelbe oder orangefarbene Chiffontücher in die Hände und spielt den Kanarienvogel. Die anderen Teilnehmerinnen bilden einen Tanzkreis. Der „Kanarienvogel" tritt zu Strophenbeginn jeweils in die Kreismitte, um beim Refrain zum Beispiel zu „tanzen", zu „springen", zu „hüpfen" oder auch zu „summen" oder zu „pfeifen."
In letzteren Fällen singen die begleitenden Kreiskinder ganz, ganz leise.
Am Ende des Refrains sucht der Kanarienvogel ein Kind aus und reicht ihm seine „Flügel" weiter.

Die Möglichkeiten der Bewegungen sind vielfältig, zum Beispiel:

- Tuch in die Luft werfen und mit beiden Händen auffangen.
- Tuch in die Luft werfen und mit einer Hand auffangen.
- Tuch mit dem Kopf oder den Füßen fangen.
- Mit dem Tuch Schwungübungen wie z. B. Armkreisen durchführen.
- Mit dem Tuch über dem Kopf winken.
- Tuch hoch und tief schwingen.
- Mit einer Partnerin zwei Tücher werfen und fangen.
- Anmutige schwebende Tanzschrittchen zur Musik machen.

Es lassen sich auch verschiedene Bewegungselemente kombinieren und zu einer kleinen Choreografie zusammenstellen.

Finde die Lieder

In jeder Kapitelillustration verstecken sich die Lieder des folgenden Kapitels. Mit diesem Bilderinhaltsverzeichnis, das auch als Suchspiel genutzt werden kann, können die Kinder ihr Lieblingslied auf einen Blick finden.

Ohne Worte

23 Drah di g'schwind

23

Klänge aus dem Alpenland
Musik: Dorle Ferber

Der „Schuhplattler" ist wohl einer der bekanntesten deutschen Volkstänze. Für diese Art von Tanz eignen sich Lederhosen sehr gut, denn auf dem Leder patscht es sich besonders schön. Mit dem folgenden Reim kann schon eine hohe Motivation erreicht werden.

Mit den Pratzn patscherln, mit den Füßen schdampfa.
Drad di gschwind umma, drah di gschwind umma
Dös is a Gaudi! Trau di – trau di!
Und jodeln dazu: Holeradioduliöh.

Pratzn ist der bayerische Begriff für Hände, die bei den Buam (Männern) größer ausfallen als bei den Dirndl (Frauen). Gaudi ist Spaß, patscherln ist klatschen und schdampfa ist stampfen.

Pratzn-Patschertanz

Die Musik hat drei Durchläufe in folgendem Ablauf:
1. Durchlauf: so wie notiert – Tanzteil 2x wiederholt + Zwischenteil
2. Durchlauf: Tanzteil 3x wiederholt + Zwischenspiel
3. Durchlauf: 1x Tanzteil.

Je zwei Kinder stehen sich so gegenüber, dass zwei konzentrische Kreise entstehen. Über der ersten Notenzeile stehen Zeichen, die für den gesamten Tanzteil gelten und nach denen folgende Aktionen durchgeführt werden:

○ *In die eigenen Hände klatschen*
X *Mit dem Fuß aufstampfen*
◯◯ *In die Hände des Gegenübers klatschen*
^ *Auf die eigenen Oberschenkel patschen*

In den beiden Zwischenspielen können diese Bewegungsformen durchgeführt werden:
1. Freies Drehen
2. Sich mit dem Gegenüber in Kreuzfassung gemeinsam drehen.
3. Sich mit dem Gegenüber einhaken und im Kreis laufen.

Gaudikreistanz

1. Zeile, Takt 1 + 2: *Alle tanzen rechts im Kreis herum.*
1. Zeile, Takt 3 + 4: *Alle stampfen im Stehen im Takt* (1, 2, 3 – 1, 2, 3).
2. Zeile, Takt 1 + 2: *Alle tanzen links im Kreis herum.*
2. Zeile, Takt 3 + 4: *Alle stampfen im Stehen im Takt* (1, 2, 3 – 1, 2, 3).
3. Zeile, Takt 1 + 2: *Alle tanzen zweimal um sich selbst herum.*
3. Zeile, Takt 3 + 4: *Alle stampfen im Stehen im Takt* (1, 2, 3 – 1, 2, 3).
4. Zeile, Takt 1: *Alle fassen sich an den Händen und gehen in die Kreismitte*
4. Zeile, Takt 2: *... und dann wieder nach hinten.*
4. Zeile, Takt 3: *Alle gehen in die Hocke*
4. Zeile, Takt 4: *... und stehen auf der letzten Note wieder im Ursprungskreis.*

In den beiden Zwischenspielen klatschen und patschen die Kinder auf ihrem Platz: Jedes zweite Kind klatscht dreimal in Takt 1, 3, 5 und 6 in die Hände. Die anderen patschen in Takt 2, 4 und 7 (bis 8) auf die Oberschenkel.

ab 5

24 Kinderkasatschok

24

Ein russisch anmutender Tanz
Musik: Tobias Escher

Dawai, dawai – mach schnell! – Das Hauptmerkmal des Kasatschok ist das Verschränken der Arme vor der Brust und das laute Zusammenklatschen der Absätze. Typisch sind auch die Prisjadka, das Beinwerfen aus der Hocke heraus.

Rhythmusübung

Als Einstimmung zum Kinder Kasatschok kann man den Anfeuerungsruf „Kasatschok. Eins, zwei, drei!“ skandieren und klatschen wie die Kosaken.

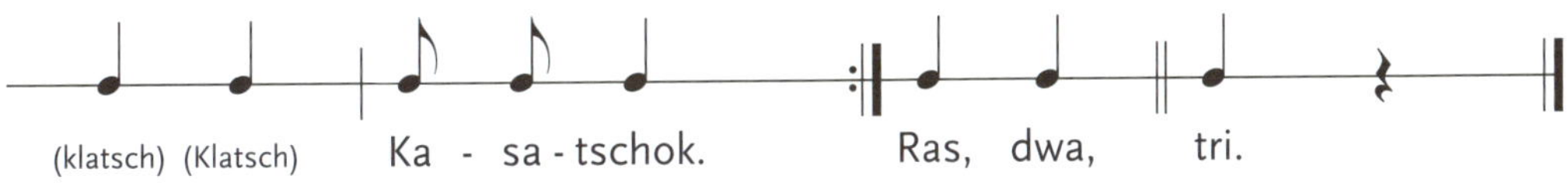

Kasatschok

Diese Tanzfigurenvorschläge dienen zur Orientierung und können zu einer eigenen Choreografie zusammengesetzt werden.
Vorschlag für einen ersten Durchlauf:

- Arme in die Hüften stützen und mit Wechselschritten im Kreis laufen.
- Nach 8 Takten die Richtung wechseln.
- Auf ein Zeichen der Tanzleitung bleiben alle stehen und schauen auf die Kreismitte.
- Die Arme vor die Brust verschränken und zur Musik rhythmisch im Wechsel den rechten und linken Fuß nach vorne kicken.
- Zum Ende des Kinderkasatschok wird die Musik erst sehr langsam und dann schneller, dynamischer und noch schneller. Die Wechselschrittchen und Rhythmusstampfer werden in entsprechendem Tempo frei ausgeführt.

ab 3

25 Wiener Kinderwalzer

25

Im Stil eines österreichischen Tanzes
Musik: Dorle Ferber

Im 3/4-Takt im Kreise schweben

Die Bezeichnung „Walzer“ stammt in der Grundbedeutung vom Begriff „sich walzen“ ab, was so viel bedeutet wie „sich drehen.“
Der Ausdruck „Walzer tanzen“ erklärt sich dann aus den drehenden Bewegungen der Füße am Boden. Das sieht aus wie schwereloses Drehen mit wiegenden Füßen.
Der Walzer sorgte zunächst für moralische Empörung, aber gleichzeitig bei den jungen Leuten auch für enorme Begeisterung, da er der erste Paartanz war, bei dem es zu engerem Körperkontakt kam.

Die Zahl drei wurde im Mittelalter als Zeichen der Vollkommenheit empfunden.
Die Musiktheorie weist dem Dreiertakt das Zeichen des Kreises zu.
Der Wiener Walzer ist ein Tanz im 3/4-Takt und auf jeden Schlag wird ein Schritt gesetzt, wobei die Betonung auf dem ersten Schritt des Taktes liegt.
Charakteristisch für den Walzer sind die schwungvollen Drehungen die möglichst gleichmäßig (harmonisch) und „federleicht“ ausgeführt werden sollen.

Für den Kinderwalzer haben wir ein gemäßigtes Tempo gewählt.
Die Bewegungen und Drehungen sollten elegant, flüssig und ganz natürlich wirken.

Die Kinder stellen sich im Tanzkreis auf und drehen sich beim ersten Durchgang im Kreis. Danach tanzen sie paarweise: Die einzelnen Paare bilden wiederum einen großen Kreis und umrunden in drehender Bewegung den Raum.

26 Bonjour mes enfants

26

Ein Kindermenuett im französischen Stil
Musik: Dorle Ferber

Menuett bedeutet „kleine Schritte“ (pas menu), die leichtfüßig (légère) ausgeführt werden. Dabei ist die Körperhaltung gerade und aufrecht. Zu einem schönen Menuett gehören auch die Handhaltung in eleganten Posen, ein freundliches Lächeln und stets der Blick auf seinen Tanzpartner.

Reverenz, die galante Begrüßung

Zu jedem Tanzbeginn wird die Reverenz ausgeführt. Die Kinder bilden Tanzpaare und diese wiederum einen Kreis. Ein Paar nach dem anderen wird nun in die Mitte gebeten und zeigt eine galante Begrüßungsgeste. Die Kinder im Kreis imitieren diese Geste, und das nächste Paar betritt die Kreismitte.

Wir woll'n tanzen wie bei Hofe,
Königin und Graf und Zofe.
Und ich bitte dich ganz nett:
„Tanz mit mir das Menuett!"

Tanzen wir in Saales Mitte
zur Musik die gleichen Schritte
auf dem glänzenden Parkett:
Tanzen wir das Menuett.
Dorle Ferber

Tanzimpulse

- Die Kinder stellen sich in einem geschlossen Kreis auf.
- Mit kleinen Schrittchen gehen sie in gemäßigtem Schritttempo zur Kreismitte und anschließend wieder zurück zum Ausgangsplatz
- Dann geht es mit vier kleinen Schritten vorwärts aufeinander zu.
- Schließlich gehen alle wieder vier Schritte rückwärts auf den Platz.
- dann zur Mitte
- und wieder zurück ... usw.

Tanzfiguren

Diese Figuren lassen sich in vielen Kombinationen von den Kindern ausprobieren.

Tour de Main (Handtour)

Ein Kind nimmt ein anderes an die Hand und dreht sich mit ihm gehend im Kreis.

Rounde (Runde)

Alle fassen sich an die Hand und gehen eng beieinander in einer Richtung im Kreis.

Mouline (Mühle)

Man fasst sich mit der jeweils rechten oder linken Hand an und geht gemeinsam in eine Richtung. Die Handhaltung ist ungefähr in Brusthöhe. Die Arme sind durchgestreckt.

Dos à dos (Rücken an Rücken)

Ohne Handfassung steht man seinem Partner gegenüber und geht jeweils an der rechten Schulter an ihm vorbei und rückwärts an der linken Schulter wieder an seinen Platz zurück.

ab 4

27 Tarantella

27

Ein Tanz mit italienischem Schwung
Musik: Dorle Ferber

Tarantalla? Das bedeutet: Tanzen wie von der Tarantel gestochen. – Den Namen leitet der Volksmund tatsächlich von der „Tarantel" ab, einer im Mittelmeerraum verbreiteten Spinne, deren Biss sehr schmerzhaft ist. Der wilde Tanz sollte für den armen Gebissenen dann eine wirksame Therapie darstellen: Die Musiker eilten ins Haus des Patienten und fingen an zu spielen. Der Gebissene aber tanzte bis zur völligen Erschöpfung, um so das üble Spinnengift aus dem Körper zu vertreiben.

Der Kribbel-Krabbel-Spinnentanz

Ein wilder Volkstanz aus Süditalien im schnellen 6/8-Takt. Nachdem die Kinder einen Tanzkreis gebildet haben, kann erst einmal ein „Start-Vers" gelernt werden:

Ringel, ringel, Reih'n!
Wer fröhlich ist, der schlinge sich ein!
Wer Sorgen hat, der lass' sie daheim!

Giro giro tondo,
venga con noi chi è contento del mondo!
Chi ha brutti pensieri, a casa li lasci!

Nun zum fröhlichen Tanz mit schnellen Bewegung und hüpfender Gangart. Der Tanzkreis ist gebildet. Die Tanzleitung stellt sich in der Kreismitte und begleitet die Musik mit rhythmischen Tamburin-Schlägen.

Mit erhobenen Armen wirbeln die Kinder so schnell herum als hätten sie statt ihrer zwei Menschenfüße plötzlich acht Spinnenfüßchen. Die Tänzerinnen bewegen sich, als wären sie verrückt geworden. Sie rudern mit dem Armen und fuchteln und winken mit gespreizten Fingern. Dabei hopsen sie im Kreis.

Die Tanzleitung gibt ab und zu das Kommando zum Richtungswechsel.
Und dann geht es in senso contrario, eben andersherum.

ab 3

28 Ma Navu

28

Musik: Traditionell aus Israel
Bearbeitung: Tobias Escher

Der Liedtext des Volksliedes

Ma navu al heharim raglei hamevaser.
Ma navu al heharim raglei hamevaser.
Mashmia yeshua, mashmia shalom.
Mashmia yeshua, mashmia shalom.

Wie willkommen sind von den Bergen her
die Schritte des Boten,
der uns die gute Nachricht bringt.
Er verkündet Erlösung, er verkündet den
Frieden.

Simchat Hora (hebräisch) – Freude am Kreistanz! – Ma Navu ist ein international bekanntes israelisches Volkslied mit einer anmutigen Melodie. Traditionell wird dazu im „Yemenite"-Schritt getanzt. Zum gemäßigten Tempo wird dieses Begrüßungslied in vielen unterschiedlichen Hora-Kreisschritten begleitet, die hier nun zur Auswahl aufgelistet sind. Zu Beginn des Tanzes bilden alle einen Kreis und fassen sich an den Händen.

Hora-Kreisschritte

Nachstellschritt

- Rechter Fuß setzt seitlich auf.
- Linker Fuß schließt direkt neben dem rechten Fuß.

Knicksschritt

- Rechter Fuß kreuzt vor linkem Fuß.
- Linker Fuß hebt kurz ab und setzt an gleicher Stelle wieder auf.
- Rechter Fuß setzt neben linkem Fuß auf.

Hüpfer

- Rechter Fuß setzt auf der Stelle oder vorwärts/rückwärts auf.
- Mit rechtem Fuß von der Stelle abspringen und wieder aufsetzen.

Mayim-Schritt

- Rechter Fuß kreuzt vor linkem Fuß im Uhrzeigersinn.
- Linker Fuß setzt neben rechts auf.
- Rechter Fuß kreuzt hinter linkem Fuß im Uhrzeigersinn.
- Linker Fuß setzt neben rechts auf.

Yemenitischer Schritt

- Gewichtsverlagerung auf rechten Fuß zur Seite
- Gewichtsverlagerung auf linken Fuß zur Seite
- Rechter Fuß kreuzt vor linkem Fuß.
- Wartehaltung

Tanzen in der Reihe

Reihentanz – Kettentanz – Schlängelreigen werden von einer Tänzerin bzw. einem Tänzer angeführt. Die Schritte werden durch die anführende Person bestimmt und können dann auch zum Kreistanz geschlossen werden.

ab 4

29 Balkantanz

Musik: Tobias Escher

Schlussteil

Ajde na horo – Komm zum Tanz! Im Balkan (Rumänien, Bulgarien, Kroatien ...) wird traditionell der Horo getanzt. So werden verschiedene Reigen und Kreistänze bezeichnet, die vorwiegend aus diesem Kulturkreis stammen. Das Temperament und die Leichtigkeit der Balkanmusik fordert geradezu zum Mittanzen auf.

Prava Horo, ein „gerader" Kreistanz

Der Pravo Horo ist ein bulgarischer Volkstanz im 2/4-Takt. Der Name („pravo" = gerade, „horo" = Kreistanz) bezieht sich auf den geradtaktigen Rhythmus (2/4), im Gegensatz zu den zahlreichen ungeraden Takten wie 3/8tel, 5/8tel, 7/8tel usw. Für diesen Kinder-Balkantanz wurde die „pravo", also die gerade Variante gewählt.

Horo-Tanzkette

- Die Kinder bilden einen Halbkreis mit durchgefassten, locker nach unten hängenden Händen.
- In der Ausgangsstellung stehen die Füße parallel.
- Ein Fuß schreitet seitwärts, und der andere wird dann zur Grundstellung nachgestellt.
- Die Tanzleitung macht am rechten Ende der Kette den Seitstellschritt vor.
- Die Kinder machen nach, und schon tanzen alle mit. Schritt für Schritt für Schritt ...

Für die Hora-Tanzschritte sind federnde flinke Schritte auf Zehen und Ballen charakteristisch. – Bei jüngeren Kindern wird die Schrittfolge eher mit einfachen Hüpfschritten ausgeführt.

ab 3

30 La Bamba

30

Musik: Traditionell aus Mexiko
Bearbeitung: Tobias Escher

Olé, olé! Fiesta Mexicana, ein mexikanischer Partytanz!
In Veracruz gibt es immer wieder eine Fiesta für jeden Anlaß. Und immer wieder tanzen sie „La Bamba". Und alle Kinder tanzen mit!

La Bamba, der Schunkler

Das Wort kommt aus dem spanischen „bambolear“ und bedeutet „schaukeln, auf- und abschwingen“. Die Tanzart „bambolear“ kann also mit „hin- und herschwingen“ übersetzt werden

Die Musik drückt Lebendigkeit und Spaß aus. Der spanische Liedtext erklärt, dass für den La Bamba-Tanz ein wenig Anmut („una poca de gracia“) erforderlich sei.

Bailar la Bamba

Abwechselnd nach links gewandt, dann nach rechts gewandt auf der Stelle trippeln. Die Hüften bewegen sich automatisch mit. Dabei die Finger elegant über den Kopf drehen.

La Bamba, der Luftballontanz

Die hinreißend beschwingte Musik wird nicht nur in Lateinamerika zur Karnevalszeit gerne als freier und ausgelassener Tanz mit Hut (Sombrero) und Ballon verwendet.

Jeder bindet sich mit einem langen Faden einen Luftballon an den Fußknöchel, sodass er auf dem Boden liegt. Alle tanzen zur Sambamusik und versuchen dabei, die Luftballons der anderen zu zertreten.

Jarabe Tapatío, ein mexikanischer Huttanz

Mexikanische Musik-, und Tanzaufführungen verwenden gerne große Hüte (Sombreros) beim Tanz und als Tanzmittel. Bei unserem Kinderpartytanz will keiner den Hut auf dem Kopf behalten. Die Kinder tanzen zur Musik im Kreis. Der Hut wandert dabei von einem Kind zum anderen. Die Tanzleitung stoppt nach einer Weile die Musik von CD-Player. Wenn die Musik aufhört zu spielen, scheidet jenes Kind aus, welches den Hut gerade auf dem Kopf hat.

31 Namasté

Musik: Traditionell aus Indien
Bearbeitung: Dorle Ferber

Zur Begrüßung in Indien sagt man „Namasté“, faltet dabei die Hände vor der Brust zusammen und beugt sich nach vorn.

Diese freundliche Geste kann man zu jeder Tageszeit anwenden, denn sie bedeutet sowohl „Guten Morgen“ als auch „Gute Nacht.“

Namasté

„Nama“ bedeutet verbeugen,
„as“ heißt ich und „te“ du.
Wörtlich übersetzt bedeutet Namasté also:
„Ich verbeuge mich vor dir.“

Zu Beginn und zum Abschluss des Tanzes übernehmen wir dieses Ritual. Also: Die Handflächen vor der Brust aneinanderlegen, den Kopf leicht nach vorne neigen und „Namasté“ sagen, „Guten Tag“.

Dana Mudra, die Geste des Gebens

Die am häufigsten vorkommenden traditionellen indischen Tänze sind Kreistänze ohne Handfassung. So stellen sich die Kinder im Tanzkreis auf. Die Tanzleitung geht in die Mitte und führt verschiedene grazile und anmutig fließende Handbewegungen (indisch: Mudras) aus.

Am bekanntesten ist wohl die Geste „Geben und Nehmen“:
Arme und Hände in einer „Geste des Gebens“ vom Körper entfernen und in einer „Geste des Nehmens“ wieder an den Körper heranholen. Zur Musik gehen die Kinder mit sanften, grazilen Schritten und mitschwingende Körperbewegungen im Kreis und führen dabei die Gesten gemeinsam aus. Die anmutig ausgeführten Bewegungen werden dabei mit den Augen verfolgt. Die Finger bewegen sich mal in Kreisen, Halbkreisen oder Kurven. Bei der Jnana-Mudra zum Beispiel bilden Daumen und Zeigefinger einen Kreis; bei der Hakini-Mudra halten die Kinder die Hände vor die Brust und legen die Fingerspitzen gegeneinander.

Gemeinsam können dann auch ganz eigene Mudras erfunden werden.

Indischer Tanz

„Yato hastas tato drstir.“
„Wo die Hände sind (sich hinbewegen), dort ist der Blick.
Der Körper soll die Melodie aufnehmen.
Die Hände sollen den Sinn erklären.
Die Füße sollen den Rhythmus zeigen.
Die Augen sollen das Gefühl widerspiegeln.

ab 4

Chiffontuchtanz

Material: Chiffontücher in verschieden Farben

Das Spielen mit Chiffontüchern unterstützt die Entwicklung kognitiver Fähigkeiten. Zur Einstimmung probieren die Kinder einige Bewegungen aus:

- Hochwerfen und Fangen des Tuches mit beiden Händen
- Hochwerfen und Fangen des Tuches mit einer Hand
- Fangen mit dem Kopf, den Ellenbogen, den Füßen
- Verschiedene Schwungübungen mit dem Tuch, wie Armkreisen
- Winken über dem Kopf, Hoch- und Tiefschwingen des Tuches
- Werfen und Fangen mit einer Partnerin und zwei Tüchern
- Die Kinder bilden einen Kreis. Auf ein Signal hin werfen alle ihr Tuch hoch in die Luft und gehen einen Schritt nach rechts. Nun müssen Sie das Tuch vom Nachbarn auffangen.
- Das Tuch über den Kopf legen und sich im Kreis bewegen, ohne dass das Tuch runterfällt.
- Das Tuch ganz klein in beiden Hände zusammenknüllen. Nun die Hände langsam öffnen, sodass es aussieht, als würde eine Blume erblühen.

Jetzt können die Kinder die verschiedenen Tuchaktionen zum meditativen Namasté-Lied zeigen.

NamasTéelichter-Tanz

Für eine Aufführung braucht jedes Kind 2 Schalen mit brennender Kerze. Wie alle Lichtertänze wirkt auch dieser am besten vor einem dunklen Hintergrund.

Die Kinder üben erst einmal den Rhythmus der wiegenden Schritte. Dieser richtet sich nach dem Grundrhythmus der Musik.
Jetzt stellen sie sich hintereinander in einer Reihe auf. Sie halten sich aufrecht, gehen im wiegenden Schritt und mit leicht federnden Knien. Wenn das klappt, nehmen die Kinder die Kerzenschalen auf und tragen sie auf den Handtellern herum. Und als nächstes schwingen sie die Arme im Grundrhythmus nach rechts und nach links. Der Schritt- und Schwingrhythmus bleibt stets gleich.

Die Produzenten der CD

Dorle Ferber, Hartmut E. Höfele, Tobias Escher

KinderMusikTheater Firlefanz

Die LIVE-Programme und CD-Produktionen begeistern seit vielen Jahren Kinder, ErzieherInnen und die ganze Familie: Auf Kulturveranstaltungen, Festivals, in Schulen, bei Stadtfesten und in Kindergärten.

„KinderMusikTheater Firlefanz" spricht Kinder zwischen 2 und 8 Jahren an und nimmt die Erwachsenen „einfach mit": in Familienkonzerten und Workshops, Solokonzerten und Lesungen, Moderationen und Fortbildungen und vielen weiteren Veranstaltungsarten.

www.firlefanz-kinderlieder.de

Hartmut E. Höfele

Der Musikproduzent, Sound-Collagist, Liedermacher und Kinderbuchautor sammelte wertvolle Erfahrungen im sozialpädagogischen Bereich in der Kinder- und Jugendgruppenarbeit beim Jugendwerk der Arbeiterwohlfahrt Nordbaden, gründete das „KinderMusikTheater Firlefanz", erdenkt, erfühlt und produziert regelmäßig Musik, Hörspiele und Bücher für Kleinste und Größere. – Beim Hessischen Rundfunk moderierte er viele Jahre lang Radiosendungen für Kinder. Er schreibt und produziert für Fachzeitschriften wie „Kreativ in Kindergarten und Vorschule", „Musik in der Kita" und ist Mitherausgeber der Zeitschrift „Popmusik in der Grundschule". Hartmut E. Höfele spielte Best- und Longseller für Sony Music, den Ökotopia Verlag, IKEA-Familie, die Deutsche Grammophon, Bellaphon, IGEL Records, Trikont, Pläne, Warner Music, u. a. Seine Musik- und Hörspiele wurden bereits über 1,4 Mio. Mal verkauft.

Dorle Ferber

Die studierte Musikpädagogin ist Sängerin, Geigerin, Komponistin, Chorleiterin sowie Autorin und lebt am Bodensee. Sie komponiert Lieder, Musik für Ensembles oder Chor, und seit einigen Jahren schreibt sie mit wachsender Freude Kinderlieder, oft in kreativer Partnerschaft mit Hartmut Höfele, mit dem sie auch gerne live für Kinder musiziert. Ihre Musik für Kinder ist auf zahlreichen Tonträgern der Verlage Herder, Ökotopia, Fidula und Lugert erschienen.

www.dorle-ferber.de

Adax Dörsam

In seiner Jugend tanzte Adax mit den Füßen am Ball und mit Händen auf dem Gitarren-Griffbrett. Und das macht er bis heute. – Der Gitarrist stammt aus einer musikalischen Familie. Er arbeitete mit Künstlern wie Xavier Naidoo, Lou Bega, De-Phazz, Johnny Logan, Clemens Bittlinger, Ken Hensley (Uriah Heep), Pe Werner, Manuela, Joana und Lydie Auvray. Studium an der Hochschule für Musik und Darstellende Kunst Mannheim mit dem Schwerpunkt klassische Gitarre.

Tobias Escher

Der Akkordeonvirtuose und Multiinstrumentalist studierte Musikpädagogik am Hohner-Konservatorium-Trossingen. Er musiziert und wirkt als freischaffender Künstler in verschiedenen Ensembles und Bands und arbeitet als Theatermusiker an Bühnen wie Schauspiel Frankfurt, WLB Esslingen, Theater an der Linde Weinstadt u. a. Für dieses Buch bearbeitete und komponierte er zahlreiche Lieder und begleitet Hartmut Höfele live bei Kindermusik Veranstaltungen.

www.tobias-escher.de

Günter Geisinger

Sozialpädagoge, Gründungsmitglied des „KinderMusikTheaters Firlefanz“, spielt bei den „Midnight Toker“ die Gitarre. Er ist Gitarrist, spielt das Akkordeon und schreibt fantastische Arrangements. Außerdem ist er Mitglied des kultigen Odenwälder Shantychors.

www.midnight-tokers.de

www.shantychor.de

Leona & Leah

Sie sind die jungen Stimmen im Ensemble. Leona spielt Geige, singt & schwingt und wirkt bei unseren Wortbeiträgen im DADA-ODEN STUDIO als betonungssichere Sprecherin mit. Sie hat alle Lieder eingesungen, außer „Funga, funga“. Hier ist Leah's Stimme zu hören.

Leah

Leona

Produktion

Hartmut E. Höfele
69469 Weinheim-Ritschweier
Am Feldrain 19
DADA-ODEN STUDIO / Odenwald

Alphabetisches Register mit Förderbereichen

Förderbereiche

Mit allen Liedern und Spielen fördern Sie die

- Motivation zu Bewegung und Tanz,
- visuelle und auditive Wahrnehmungsfähigkeit,
- Grob- und Feinmotorik sowie die
- Konzentrations- und Differenzierungsfähigkeit, die zum Beispiel zur Gruppenbildung und zum gemeinsamen, koordinieren Tanzen und Spielen notwendig sind.

Darüber hinaus finden Sie im Register Hinweise auf:

- Förderung des Rhythmusgefühls
- Musik als Kommunikationsmittel
- Spielerische Sprachförderung
- Phonologisches Bewusstsein
- Differenziertes Denk- und Merkvermögen
- Räumliches und zeitliches Vorstellungsvermögen
- Grundlage für erweitertes Sachwissen

Legende

(S) = Spiel
(L) = Lied
(TA) = Tanzanleitung
(BA) = Bastelanleitung

Musik-Titelliste

HB	Titel	Zeit
1	Es geht eine Zipfelmütz'	2:46
2	Auf uns'rer Wiese gehet was	1:29
3	Ich bin der kleine Tanzbär	2:14
4	Ei, wie langsam kommt der Schneck'	2:13
5	Häschen in der Grube	1:06
6	Meine Mühle, die braucht Wind	1:39
7	Was müssen das für Bäume sein	1:43
8	Alle Leut' geh'n jetzt nach Haus'	1:43
9	Boogie-Woogie	2:14
10	August Fridolin, der Pinguin	1:17
11	Oma, hüpf mal	2:20
12	Das Ki, ka, ki, ka, Karussell	1:34
13	Hoppeldipoppel	1:42
14	Tanz der Blumenkinder	2:14
15	Das Zwergen-Laternenlauflied	1:39
16	Im Kreis woll'n wir gehen	1:03
17	Banuwa	1:19
18	Funga, funga	3:06
19	Takibi, Takibi	1:48
20	Eller eller, sap sap sap	1:35
21	Vir han en gammel tante	1:38
22	Lelo, Lelo, Lelola	1:44
23	Drah' di g'schwind	2:39
24	Kinderkasatschok	2:06
25	Wiener Kinderwalzer	1:42
26	Bonjour mes enfants	2:07
27	Tarantella	1:18
28	Ma Navu	3:10
29	Balkantanz	2:05
30	La Bamba	1:50
31	Namasté	2:30

HB	Titel	Zeit
	Bonustracks Playback	
32	Oma, hüpf mal	2:20
33	Das Ki, ka, ki, ka, Karussell	1:34
34	Hoppeldipoppel	1:42
35	Tanz der Blumenkinder	2:14
36	Das Zwergen-Laternelauflied	1:39
37	Im Kreis woll'n wir gehen	1:03
38	Boogie-Woogie	2:14
	Gesamtzeit	**73:54**